시와 피아노

인공지능총서

인공지능 시대입니다. 기계가 인간의 인지를 대신하고, 사물이 인간을 통하지 않고 다른 사물과 직접 커뮤니케이션합니다. 이에 따른 인간 삶과 문명 변화를 정확히 이해·예측·대응하는 것은 이 시대 우리 모두의 과제입니다. 인공지능총서는 인공지능 기술과 환경의 여러 주제를 10가지 키워드로 정리합니다. 관련 개념과 이론, 학계와 산업계의 쟁점, 우리 일상의 변화를 다룹니다. 인간과 기술의 현재, 미래를 세심히 분석합니다.

일러두기

- 인명, 작품명, 저서명, 개념어 등은 한글과 함께 괄호 안에 해당 국가의 원어를 병기했습니다.
- 외래어 표기는 현행 어문규정의 외래어표기법을 따랐습니다. 다만 '딥러닝', '딥마인드', '딥페이크' 등은 관행을 따랐습니다.

AI와 피아노

권미혜

대한민국, 서울, 커뮤니케이션북스, 2025

AI와 피아노

지은이 권미혜
펴낸이 박영률

초판 1쇄 펴낸날 2025년 1월 31일

커뮤니케이션북스(주)
출판 등록 2007년 8월 17일 제313-2007-000166호
02880 서울시 성북구 성북로 5-11
전화(02) 7474 001, 팩스(02) 736 5047
commbooks@commbooks.com
www.commbooks.com

ISBN 979-11-7307-428-8 03500

책값은 뒤표지에 표시되어 있습니다.

차례

악기와 음악과 기술

악기와 기술

악기는 기술과 함께 발전한다. 기술 발전은 악기의 음질, 내구성, 편의성을 지속적으로 개선했다. 자연에서 얻은 재료를 가다듬어 사용하던 악기는 중세 시대 목재와 금속 가공 기술 발전에 따라 현악기, 관악기, 타악기의 고유한 특색을 살려 발전되었다. 르네상스 시대의 발전된 음향 이론으로 인해 악기는 더욱 개선되었다. 산업 혁명 이후 악기의 대량 생산 체계가 정립되었고, 현대에는 디지털 기술을 통해 전자 악기가 발명되었다. 악기를 통해 좋은 음악을 만들려는 다양한 노력은 각 시대의 기술 발전과 더불어 악기를 끊임없이 개선해 왔다.

피아노는 300여 년 전에 개발된 악기다. 건반을 누르면 해머가 현을 때려 소리가 나는 건반 악기이자 타현 악기다. 건반의 터치를 해머까지 연결하는 다리 역할은 액션(action)이 한다. 액션은 건반마다 별도로 있으며, 현대식 피아노에서는 하나의 건반이 54개의 부품으로 구성된다. 54개 부품들의 협력 동작은 물리학과 기하학의 지식을 어느 정도 동원해야 이해할 수 있다. 피아노 프레임이라는 제한된 내부 공간 안에 갇혀 있는 현은 특정 주파수로만 진동하도록 두께, 길이가 음향학적으로 결정되었다. 어떠한 전자 장치가 없어도 피아니스트의 연주만으로 수천 석 규모의 콘서트홀을 소리로 가득 채우는 것은 피아노 내부의 향판(sound board)이 담당한다. 향판의 크기를 가로 150cm, 세로 240cm로 결정한 것도, 한쪽 끝을 둥글게 마무리하는 것도, 목재인 향판의 수분 함유율이 5.2%가 되도록 건조하는 것도 악기 기술자의 많은 고민과 노력의 결과다.

17~18세기 초반에 활약했던 안토니오 스트라디바리(Antonio Stradivari)와 같은 바이올린 명장들은 목재 선택과 바이올린 구조 등에서 쌓아올린 자신의 기술과 경험을 바탕으로 지금의 바이올린 구조와 형태, 재질을 확립했다. 악기 기술자들의 노력은 독주 악기로서의 바이올린의 위상을 지금 수준까지 높였다. 또, 19세기 초반에 개발된 당시 최신 공학 기술인 밸브가 트럼펫에 적용되었다. 그전까지 반음을 연주할 수 없었던 트럼펫은 밸브 기술에 의해 음악적 표현의 족쇄를 풀게 되었다.

피아노의 기술은 프레임 내에 숨겨져 있어서 간과하기 쉽다. 전문 피아니스트도 피아노 내부의 공학적 기술을 잊은 채 프레임 밖으로 드러나 있는 건반과 피아노가 들려주는 소리에만 집중해 연주하곤 한다. 건반은 친숙하고 전통적이며 직관적인 사용자 인터페이스(user interface)다. 피아노에 적용된 기술과 공학적 원리를 몰라도 간단한 연주를 하는 데에 어려움이 없다. 손가락으로 건반만 누르면 원하는 음이 들린다. 저절로 소리가 나는 것처럼 보이기도 한다. 피아노가 탄생하던 시기의 음악가인 요한 제바스티안 바흐(Johann Sebastian Bach)는 "피아노를 연주하는 데는 아무런 놀라운 기술도 요구되지 않는다. 정확한 음을 정확한 시점에 눌러 주기만 하면 나머지는 악기가 다 알아서 한다"고 말했다.

이처럼 피아노는 양면적이다. 표면적으로는 누르기만 하면 정확한 음이 발생하는 건반이 드러나 있어 단순하고 쉬운 악기로 보이지만 그 안에는 수천 개의 부품으로 이루어진 복잡한 공학 장치가 숨어 있다. 피아노에 접근하기는 쉽지만 악기를 완전히 이해하기는 어렵다. 초보자도 피아노에 쉽게 접근할 수 있지만, 전문 피아니스트조차도 연주할 때마다 피아노의 새로운 가능성을 발견하곤 한다.

음악과 수학

고대 그리스 시대부터 음악은 수학으로 해석되는 학문이었다. 당시의 수학자 피타고라스(Pythagoras)는 기원전 6세기에 음정의 원리를 수학으로 해석하기 시작했다. 현의 길이에 따라 음정이 달라지며 음정 사이의 비율은 정수의 비율임을 확인하여, 음정의 조화(harmony)를 수학적으로 해석했다. 피타고라스는 현의 길이를 반으로 줄이면 한 옥타브 높은 음이 생성된다는 것을 발견했다. 즉, 옥타브의 주파수 비율이 2:1이라는 것으로, 완전 5도(3:2), 완전 4도(4:3)와 같이 음정을 수학적 정수 비율로 설명했다. 이는 이후 음악 이론의 중요한 기초가 되었다.

피타고라스의 이론은 이후 음악을 연구하는 학자와 수학자는 물론이고 악기에 관심이 많은 기술자, 전례를 연구하는 신학자, 음악의 본질을 탐구했던 철학자에게 많은 영감을 주었다. 중세 시대의 신학자이자 철학자인 보이티우스(Boethius)는 고대 그리스 철학과 학문을 바탕으로 음악을 수학적 측면에서 분석했으며 음악을 우주, 인간, 도구의 음악으로 분류하고 수적 조화, 질서를 음악이라 했다. 행성 운동의 법칙을 규명한 것으로 유명한 17세기 독일의 천문학자 요하네스 케플러(Johannes

Kepler)는 수식으로 규정되는 행성 운동으로 인해 우주에서 규칙적인 소리를 들을 수 있을 것으로 추측했다. 바로크 시대 기술자인 아타나시우스 키르허(Athanasius Kircher)는 소리의 수학적 특징과 자신의 공학적 지식을 바탕으로 작곡 기계를 제안했다. 이 기계는 다양한 음악 재료로 형성된 짧은 조각들을 무작위로 배열함으로써 몇 개의 음악 토막만으로 많은 선율을 작곡하는 수학적 접근법의 자동 작곡 장치로 평가된다.

최고의 수학자 중 한 명인 레온하르트 오일러(Leonhard Euler)는 음악을 연구하기도 했다. 그는 "음악 이론의 시도(Tentamen novae theoriae muicae)"라는 글을 통해 협화음과 불협화음의 음 사이 간격을 수학적으로 공식화해 해석했다. 듣기 좋은 협화음이 무엇인지는 이론가들 사이에서 논쟁의 대상이었는데, 오일러는 이를 수학 공식으로 해결하고자 했다. 오일러의 음악 이론은 수학자들에게는 너무 음악적이라는 이유로, 음악가들에게는 너무 수학적이라는 이유로 큰 관심을 받지 못했다고 한다. 다만, 오일러가 주장한 사항 중 "듣기 좋은 음의 비율은 더 쉽게 감지된다"는 내용이 있었는데 이는 당시에 새로운 주장이었으며 현대 음향학에 큰 영향을 주었다. 이 이론에 따르면 쉽게 감지된다는 정신적 행동에 기초하여 협화음이 결정된다는 것이어서, 수학적 행동과 인간의 정신적 측면을 강조한 해석이었다. 동시대의 철학자 라이프니츠(Leibniz)도 이를 지지하면서 "음악의 아름다움은 우리가 인지하고 있지 않음에도 불구하고 영혼이 실어 나르는 계산으로 만들어진다"고 덧붙였다. 당시 새롭게 탄생한 음향학은 오일러와 라이프니츠의 주장을 지지하는 분위기였다. 음악학자이자 기술 사학자인 니키타 브라긴스키(Nikita Braguinski)는 저서 『수학이 사랑한 음악(Mathematical Music)』에서 당시 오일러와 라이프니츠의 주장이 신뢰를 얻으면서 음악의 수학적 방법론과 생리학적 분석론이 발전했고, 이는 현대에 이르러 음악과 컴퓨터가 융합되는 방법론에도 영향을 주는 것이었다고 평가했다.

현대의 기술력으로 소리를 분석하면 음악이 수학과 밀접함을 과학적으로 확인할 수 있다. 우리는 음악이 소리로 이루어지고 소리는 진동임을 잘 알고 있다. 음고(pitch)는 특정 주파수에서 생성되는 음파의 진동수에 의해 결정된다. A4(라)의 표준 음고는 440Hz의 진동수를 갖는다. 이 음고는 정확한 수학적 비율에 따라 다른 음고들과 관계를 맺는다. 옥타브는 주파수의 2배로 정의된다. C4(중음 도)의 주파수가 261.63Hz이고, C5(한 옥타브 위의 도)는 523.25Hz여서 정확히 2배다. 음악의 리듬은 음표의 길이와 관계있으며, 이는 수학적 분수로 표현됨을 잘 알고 있다. 온음표는 전체 박자의 1/1, 4분음표는 1/4, 8분음표는 1/8이다. 분수가 변하고 채워짐에 따라 음악은 시간에서 선형으로 진행한다. 음악에서 사용하는 12음 평균율은 수학적 비율에 따라 조율된다. 12음 평균율에서 각 반음은 정확히 12 제곱근만큼의 주파수 차이를 갖는다.

전자 음악 · 음향 분석에서는 복소수와 적분식을 활용한 수학식인 푸리에 변환(Fourier transform)이 사용된다. 푸리에 변환은 복잡한 파형을 다양한 주파수 성분으로 분해하도록 돕는다. 여러 소리가 함께 들리면 이는 다양한 주파수의 파형이 합쳐져서 나타나는데, 푸리에 변환을 이용하면 이를 분해할 수 있다. 분해된 각각의 파형은 서로 다른 소리를 의미한다. 푸리에 변환을 통해 음악에서 성부를 분해할 수도 있고 사용된 악기를 확인할 수도 있다.

인공지능의 피아노 음악

악기는 기술적이고 음악은 수학적이다. 피아노는 그러한 악기 중에서도 상당한 공학 기술의 결과물이다. 따라서 피아노의 기술적인 특성은 피아노 음악에도 적용된다. 인공지능이 많은 데이터의 통계 속에서 일정한 패턴을 논리적으로 찾아가는 방법론임을 생각한다면 피아노 음악은 인공지능이 적용되기에 훌륭한 기술 분야일 수 있다. KAIST 문화예술대학원의 남주한 교수는 피아노의 풍부한 배음, 음의 긴 지속 시간, 88개의 동시 발음 수, 넓은 음역, 많은 데이터를 이유로 들면서, 인공지능이 악기 연주를 한다면 최적의 악기는 피아노라고 했다.

다만, 아직 클래식 피아노 음악에서 연주든 작곡이든 인공지능 기술이 그렇게 훌륭한 결과물을 도출하지 못하는 것으로 보인다. 인간에게 바둑을 가르치고 체스에서는 꽤 오랫동안 인간 적수가 없었으며, 누구도 생각하지 못했던 새로운 단백질을 조합하여 신약을 개발하던 인공지능이 유독 클래식 피아노 음악에서는 능력을 발휘하지 못하는 것처럼 보인다.

음악과 관련된 모든 분야에서 적절한 기능을 하지 못하는 것은 아니다. 인공지능에 대한 다양한 저술 활동을 하는 김태균 기자는 음악 분야야말로 인공지능이 기존의 인간 능력을 대체하는 속도가 가장 빠른 분야라고 평가했다.

인공지능은 통계와 패턴을 훌륭하게 다루기에 사용자

의 취향을 제법 잘 맞추며, 이를 활용한 기술 발전은 매우 눈부시다. 대중음악은 클래식 음악과 비교해 음악 구조가 복잡하지 않고 장르 구분이 명확하며 데이터 라벨링이 쉽기 때문에, 대중음악 스트리밍 서비스에서 인공지능이 추천하는 플레이리스트는 많은 사람에게 흡족한 결과물을 제공한다. 특정 스트리밍 서비스를 상당 기간 계속 사용하고 있다면 누적된 데이터도 많아져서 추천 정확성도 크게 높아진다. 스포티파이(Spotify), 애플 뮤직(Apple Music), 유튜브 뮤직(YouTube Music)과 같은 대형 음악 스트리밍 제공 업체들은 높은 기술력을 바탕으로 인공지능 기반 플레이리스트 추천 서비스를 제공한다.

인공지능의 대중음악 작곡 능력도 훌륭하다. 인공지능이 작곡한 대중음악은 화제성과 대중성이 높다. 대중음악을 위한 편곡과 연주 실력도 우수한 것으로 보인다. 이미 많은 소셜 네트워크 서비스에서 인공지능이 만들어 낸 대중음악이 공유되고 있다.

하지만 인공지능이 만들어 낸 대중음악 결과물이 얻은 인기에 비해 클래식 음악의 결과물은 그것에 미치지 못한다. 클래식 피아노 음악의 특수성에 기인한 것일 수도 있고, 해당 분야를 위한 인공지능의 기술 발전이 아직 부족한 것일 수도 있다. 현재로서는 완성도가 낮아 개선 사항이 많을 것으로 판단된다.

음악을 위한 인공지능의 지향점

예술과 과학은 밀접하다. 서로에게 영감을 주고 도움을 주면서 함께 발전해 나아간다. 예술 분야는 새로운 기술을 받아들이고 적용하려 노력했다. 악기에 제한되는 것은 아니다. 콘크리트라는 혁신적인 자재가 개발됨에 의해 르코르뷔지에(Le Corbusier)와 바우하우스(Bauhaus)의 건축 디자인들이 생겨났다. 백남준의 비디오 아트는 미디어 기술 개발이 예술과 함께 이루어 낸 결과다. 과학자들은 예술에서 영감을 받기도 하고 예술가들이 원하는 기술을 기꺼이 개발했다. 레오나르도 다빈치(Leonardo da Vinci)는 인체의 해부학을 완성하면서 예술적 표현과 비례를 채용했다. 자연에서 발견되는 복잡한 형태는 프랙털(fractal) 이론이 되었다. 예술적 수준의 종이접기는 NASA의 우주 탐사 기술로 활용되고 있다.

우리는 인공지능이라는 기술 발전을 눈앞에서 보고 있다. 이 기술이 음악에 미치는 영향을 조금씩 체감하고 있다. 그러나 인공지능은 콘크리트나 미디어 기술처럼 대중에게 직관적인 기술이 아니다. 예술 어느 부분에서 어떻게 적용될지, 공백이 많고 예상이 쉽지 않다. 눈에 잘 보이지 않는 데이터와 알고리즘을 사용하기에 더욱 그러하다.

인공지능은 눈에 보이지 않는 데이터를 통계화하고 분석하여 패턴을 찾아내어 결과물을 생성하거나 예측한다. 컴퓨터 공학에서 데이터는 숫자로 표현된다. 인공지능으로서는 바둑의 착점이든, 새로운 단백질의 조합이든, 베토벤(Ludwig van Beethoven)의 음악이든 평등한 숫자다. 인공지능으로 하여금 데이터를 구성하는 숫자가 무엇을 의미하는지 라벨링하고 학습하게 하고 목표와 보상을 설정하는 것은 결국 인간의 몫이다. 인공지능과 음악이 나아갈 길은 인간이 정해야 한다.

모든 예술이 그러하듯 음악 역시 시대 속에서 문화의 반영으로 의미가 부여된다. 음악가이자 인류학자인 존 블래킹(John Blacking)은 "그 어떤 음악도 사람들 간의 교감 없이는 남에게 전달되거나 의미를 부여받을 수 없다"고 했다. 음악은 시대와 사람을 고려하지 않고서는 해석되기 어렵다.

인간만이 제시해 줄 수 있고 인간이 제시해야 하는 음악 인공지능의 길은 학습 방법, 목표와 보상, 데이터 라벨링을 통해 결정될 것이다. 인간의 행동에 따라 인공지능은 베토벤과 같은 음악을 생성할 수도 있고 수준 낮은 음악만 자가 학습으로 범람시킬 수도 있다. 호로비츠(Vladimir Horowitz)와 같이 피아노를 연주하게 할 수도 있고 오선지 음표를 소리화하는 데에 그칠 수도 있다. 쉽지 않은 길이며 상당한 시간이 필요하겠지만, 결국 음악은 기술과 함께 발전할 것이다. 음악 없는 기술도, 기술 없는 음악도 상상하기 어렵다. 예술은 결국 눈앞의 장애물을 넘어서는 과정에서 탄생한다.

참고문헌

김태균 외(2023). 『챗GPT와 생성AI 전망』. 커뮤니케이션북스.

박은지(2024). 『사운드 오브 뮤직』. 디페랑스.

오희숙·원유선(2021). 『디지털 혁명과 음악』. 모노폴리.

저작권TV(2022). 『음악 인공지능의 현재와 미래 – 남주한(KAIST 교수). YouTube. https://www.youtube.com/watch?v=NkoKH-mOlyo&list=LL&index=15

히사이시 조·요로 다케시(2023). 『그래서 우리는 음악을 듣는다』. 현익출판.

Barron, J.(2020). *Piano: The making of a Steinway concert grand.* St. Martins Press.

Blacking, J.(1973). *How musical is man.* University of Washington Press.

Braguinski, N.(2022). *Mathematical music.* Focal Press.

Burkholder, J. P., et al.(2018). *A history of Western music.* W. W.

Norton & Company.

Cook, N.(1998). *Music: A very short introduction.* Oxford University Press.

Kissinger, H. A., et al.(2021). *The age of AI: And our human future.* Little, Brown and Company.

01

피아노의 역사

1700년대 초 메디치 가문의 후원을 받은 크리스토포리가 피아노를 발명하여 연주자의 터치에 따라 음량과 음색이 조절되는 곡들이 탄생했다. 베토벤 같은 음악가들과 피아노 제작자들의 노력으로 현대의 피아노 형태가 완성되었다. 피아노 원리는 초기 피아노와 비슷하지만 다양한 기술 개발은 계속 이루어지고 있다.

건반 악기

피아노 이전에도 여러 건반 악기가 있었다. 오르간은 고대 그리스 시대까지 거슬러 올라간다. 물의 압력을 이용하여 히드라울리스(hydraulis)로 불리기도 했다. 중세 시대에는 다양한 파이프가 함께 사용하게 되어 건반 악기이자 관악기로 분류된다. 클라비코드(clavichord)는 14세기 후반에 등장한 악기로, 크기는 작지만 지금의 피아노와 형태가 비슷하다. 건반을 누르면 금속 핀이 현의 특정 위치를 눌러서 특정 음을 발생시킨다. 음의 세기와 뉘앙스 조절이 가능하지만 음량이 매우 작아 소수의 청중만 즐길 수 있었다. 하프시코드(harpsichord)는 15세기 중반에 등장하여 르네상스와 바로크 시대에 널리 사용되었다. 연주자가 건반을 누르면 플렉트럼(plectrum)이라 불리는 장치가 현을 잡아 뜯어서(pick) 소리를 내는 방식이다. 두 개 이상의 건반을 누를 수 있다는 점은 클라비코드와 다른 장점이다. 밝고 명확한 음색을 가지고 있지만 현을 당기는 강도를 조절할 수가 없어서 음량과 뉘앙스를 조절할 수 없었다. 버지널(virginal), 스피넷(spinet)과 같은 건반 악기도 사용되었다.

1700년대 가장 널리 사용된 건반 악기는 하프시코드였다. 현대의 피아니스트이자 저널리스트인 제임스 배런(James Barron)에 의하면 하프시코드 연주자들은 자신의 악기에 대해 불만이 많았다고 한다. 건반은 연주자의 터치에 대한 반응의 차이를 전혀 나타내지 못했다. 연주자가 힘을 다해 건반을 내려쳐도 음량은 더는 커지지 않았고 평소보다 약한 힘으로 누르면 아예 소리가 나지 않는 수도 있었다. 하프시코드의 건반은 현을 잡아 뜯는 플렉트럼에 연결되어 있는데, 플렉트럼이 현을 잡아 뜯는 힘이 언제나 똑같기 때문이다. 일부 연주자들은 음량을 키우려고 번거로운 부착물을 사용하기도 했는데 지금 보면 마치 속임수 같은 장치였다고 한다.

피아노의 등장

메디치 가문의 코시모 3세(Cosimo III de' Medici)의 아들인 페르디난도(Ferdinando) 공은 많은 음악가를 후원했는데, 자신의 가문에서 악기를 관리하던 기술자가 죽자 그 후임으로 베네치아 여행에서 알게 된 바르톨로메오 크리스토포리(Bartolomeo Cristofori)라는 기술자를 고용했다. 크로스토포리는 악기의 관리와 조율 임무를 수행했는데, 페르디난도 공은 그의 실력을 일찍이 알아보고 전용 공방과 조수를 마련해 주었다. 여기서 크리스토포리는 1700년대 초 새로운 메커니즘의 악기를 발명했다. 정확한 발명 연도를 기록으로 남기진 않았고 메디치 가문이 발간한 "다양한 악기 목록"이라는 메모를 통해 비로소 피아노 발명이 세상에 알려졌다.

크리스토포리의 새로운 메커니즘은 혁신적이었다. 연주자의 건반 터치에 즉각 반응해 음이 생성되고 표현력의 한계가 넓어졌다. 연주자가 건반을 세게 누르면 세게 누른 대로, 여리게 누르면 여리게 누른 대로 음이 변화했다. 연주자의 터치에 따라 여리고 강하게 자유자재로 음이 만들어지는 악기는 하프시코드 연주자들에게는 놀랍기만 했다. 이러한 이유로 크리스토포리의 새로운 메커니즘의 악기는 처음에 "클라비쳄발로 콜 피아노 에 포르테(clavicembalo col piano e forte)"라는 복잡한 이름으로 불렸는데 이는 "여리고(piano) 세게(forte) 연주할 수 있는 하프시코드"를 의미한다. 이 이름에서 앞의 단어들이 없어지고, 여리고 세게 연주할 수 있다는 뜻만 남아서 "피아노 포르테(piano forte)"로 불리다가 지금의 피아노로 굳어졌다. 지금까지도 피아노 악기의 약자를 'pf'로 표기하는데 이는 피아노 포르테에서 유래했다.

크리스토포리의 초기 피아노에 적용된 다양한 공학기술 중 일부는 개량되었지만, 상당수는 300여 년이 지난 지금의 피아노에도 여전히 적용된다. 크리스토포리는 하프시코드에서 현을 잡아 뜯던 플렉트럼을 과감하게 없애고 1cm도 안 되는 작은 가죽 해머가 현을 때리게 했다. 현을 때린 해머가 원래 위치로 돌아오지 않고 현에 계속 닿아 있으면 소리가 제대로 나오지 않고 연주자의 속주에 반응할 수 없다. 따라서 연주자가 건반을 누르자마자 해머가 현을 향해 움직이는 동작이 이루어진 후 해머는 그 반대 방향으로 신속히 복귀해야 한다. 즉, 연주자가 건반을 누르면 서로 다른 방향의 두 가지 동작이 순차적이지만 신속하게 이루어져야 한다. 크리스토포리는 무게 중심과 시소 원리를 활용해 이를 해결했는데, 이는 현대의 피아노에서 이스케이프먼트 시스템(escapement system)이라는 이름으로 불린다. 건반과 해머 사이의 균형을 담당하는 지렛대인 밸런스 레일(balance rail), 해머의 동작을 받아 주는 백체크(back check) 등의 기술은 크리스토포리가 고안했으며 현대의 피아노에도 여전히 적용되어 있다.

크리스토포리의 새로운 악기는 연주자가 건반을 누른 속도대로 해머가 현을 향해 날아가도록 구현되었으며, 이 속도가 음량으로 현출된다. 이제 연주자는 건반을 누르는 속도, 세기, 터치 등을 조절하여 음량과 세기와 음색을 조절할 수 있게 되었다. 연주자들은 다양한 음악적 표현을 할 수 있게 되었고 작곡가들은 이를 창작에 반영했다. 당시의 피아노가 지닌 표현의 한계를 뛰어넘는 곡을 만들고자 하는 작곡가도 나타났다. 이러한 시도는 악기 제작자에게 전달되었고 피아노가 더욱 개량되었다. 악기 기술은 음악을 발전시켰고, 음악은 악기 기술을 발전시켰다.

피아노의 발전

피아노 악기의 발전에 많은 영향을 끼친 음악가 중 한 명은 루트비히 판 베토벤(Ludwig van Beethoven)이다. 베토벤은 피아노 음악의 발전뿐만 아니라 피아노 악기의 기술 발전에도 크게 이바지했다. 안톤 발터(Anton Walter), 콘라드 그라프(Conrad Graf), 나네트 스트라이허(Nannette Streicher) 등 당대의 저명한 피아노 제작자와 긴밀히 협력하며 악기에 대한 기술적 요구의 전달을 잊지 않았다. 장인은 도구를 탓하지 않고 도구를 바꾸어 버렸다.

베토벤이 활동하던 시기의 피아노는 4~5옥타브의 음역을 가지고 있었다. 당시의 모든 피아노 음악은 당연하다는 듯이 해당 범위 내에서만 작곡되었다. 그러나 베토벤은 더욱 넓은 음역을 요구하는 음악적 아이디어를 포기할 생각이 없었다. 베토벤은 악기가 주는 한계 안에 자신을 가두지 않고 피아노 제작자들에게 음역 확장을 끈질기게 요청했다. 결국 6옥타브까지 음역이 확장된 피아노가 탄생했다. 현대의 피아노는 7옥타브 반, 88개의 건반까지 음역이 확장되어 있다. 크리스토포리의 피아노에서 가장 높은 음 위로 19개의 건반이, 가장 낮은 음 아래로 15개의 건반이 더 있는 셈이다.

베토벤은 피아노를 통해 강력한 감정 표현과 극적인 다이내믹 변화를 추구했다. 이를 표현할 수 있도록 피아노는 더욱 민감한 액션 메커니즘이 필요했다. 자신의 아이디어를 피아노 제작자들에게 보내어 해머의 설계와 건반의 반응성을 개선하고자 했다. 현대 피아노의 다이내믹 범위는 베토벤 시대부터 넓혀진 것이다.

베토벤은 스코틀랜드 악기 제조 회사인 브로드우드(John Broadwood & Sons)의 피아노를 소장하고 사랑했다. 당대의 저명한 작곡자인 베토벤에게 브로드우드는 재료부터 마감까지 특별히 제작하고 "베토벤"이라는 이름까지 각인된 피아노를 헌사했다. 이후 이 특별한 피아노는 19세기 작곡가이자 비르투오소 피아니스트인 프란츠 리스트(Franz Liszt)에게 이어졌다. 리스트 역시 브로드우드 브랜드에 대한 애착이 컸다. 피아니스트 멜빈

탄(Melvyn Tan)은 1990년대에 베토벤과 리스트가 사용했던 바로 그 피아노로 베토벤의 피아노 음악을 다수 연주하여 녹음한 적 있는데 200년도 더 된 피아노의 음색이 현대의 스타인웨이 피아노의 음색과 비슷하다고 총평했다.

피아노 제작자들은 제한된 피아노 프레임 내에 더 긴 현을 집어넣고 싶어 했다. 현의 길이가 짧으면 연주 공간을 가득 채우기에 음량이 부족했고 저음역 사운드가 약했다. 이는 독일에서 태어나 미국으로 이민 온 피아노 제작자인 헨리 스타인웨이(Henry Steinway)의 맨해튼 골방에서 해결되었다. 이 골방은 지금의 명품 피아노 제작사인 스타인웨이(Steinway & Sons)가 되었다. 헨리 스타인웨이는 피아노 뚜껑 밑의 공간을 두 개 층으로 분할하고 고음역 줄을 아래층에 놓고 그 위에 저음역 줄을 부채꼴로 배치했다. 이를 통해 저음역 현의 길이가 크게 길어졌다. 이러한 현의 배치는 크로스-스트링(cross stringing)으로 불리는 1859년 특허이며 지금의 그랜드 피아노의 배치 표준이 된다. 현대의 피아노에서 가장 길이가 긴 현은 약 202cm로, 크리스토포리의 피아노에서 가장 긴 현보다 12cm 이상 길다. 가장 짧은 현은 약 5cm로, 크리스토포리의 피아노에서 가장 짧은 현의 절반이 되지 않는다. 그 대신에 현대의 피아노에서 가장 가는 현은 크리스토포리의 피아노에서 가장 굵은 현보다 굵다.

크리스토포리 피아노의 현은 철이나 구리로 만들어졌고 장력이 낮았다. 이 때문에 피아노 소리는 비교적 약했고 울림이 적었다. 피아니스트들은 소리를 키우고 울림을 개선하기 위해 고장력의 현을 원했지만 나무 프레임은 고장력의 현을 제대로 지지할 수 없었다. 미국의 악기 개발자인 앨피어스 배브콕(Alpheus Babcock)은 1825년 철제 프레임을 사용한 피아노를 착안하고 특허를 획득했다. 철제 프레임에 단단히 고정된 고장력의 현은 더 큰 음량과 풍부한 음색을 제공했다. 지금은 더 개량되어 주철 프레임이 사용된다. 현대식 그랜드 피아노의 주철 프레임은 나무 외판 안에 위치하여 고장력 현을 무리 없이 받쳐 주게 설계되며 그 무게는 약 154kg이다. 이는 크리스토포리 피아노의 전체 중량보다도 무겁다.

크리스토포리의 피아노 발명 이후 약 300여 년의 시간이 지나며 핵심 아이디어인 액션의 기초적 원리는 유지되고 있지만 일부 세부 구조들은 꾸준하게 개량되어 정교해지고 섬세해졌다. 건반을 누르는 힘에 따라 소리가 세밀하게 조정되도록 부품의 수는 늘어났다. 현대의 표준 그랜드 피아노에는 하나의 건반마다 54개의 부품이 필요하다. 개량된 액션에 의해 연주자의 터치는 민감하게 소리로서 나타난다.

크리스토포리 피아노에는 페달이 없다. 음악적 표현을 다양하게 하기 위해 소리에 변형을 주고자 하는 피아니스트들의 요청이 계속 있었으며, 이를 위해 건반이 아닌 다른 장치들이 달리기 시작했다. 피아노 건반 아래에 위치한 커다란 손잡이 형태의 도구가 등장한 적도 있다. 현재에는 건반을 누르는 손을 자유롭게 해 주기 위해 발로 밟는 페달 형식이 확립되었다.

시간이 흐름에 따라 콘서트홀의 규모도 커졌다. 대규모 연주에 사용되는 피아노는 더욱 큰 콘서트홀 구석구석까지 소리를 전달해야 했다. 더 넓은 음역으로 더 큰 소리를 끌어내기 위해 향판이 개량되었다. 향판은 현의 진동을 증폭시켜 소리를 더욱 크게 만들어 준다. 향판은 피아노에서 액션만큼 중요한 부품이다. 향판의 크기와 재질, 습기를 머금은 정도, 형태에 따라 그 피아노가 표현하는 음악의 범위가 달라진다. 크리스토포리의 피아노와 비교하여 현대의 피아노 향판은 더욱 커졌고 더욱 복잡한 형태로 설계되고 있다.

현대의 피아노는 이처럼 많은 노력이 중첩된 결과물이다. 기술자, 공학자, 작곡가, 연주자가 다양한 의견을 내고 이를 구현하고자 노력하면서 1900년대 초반에는 지금의 피아노 구조가 정립되었다. 상당수의 기계적 아이디어가 1700년대 초기 피아노와 크게 다르지 않다는 점은 놀랍다.

인공지능의 시대가 되었다. 인공지능은 연주와 작곡은 물론이고 악기의 생산과 개량에도 영향을 준다. 인공지능은 각 부품의 크기, 재질, 형태와 소리의 상관관계를 분석할 수 있다. 피아노를 구성하는 다양한 부품이 서로 유기적으로 연계되어 소리를 형성하는데, 어떤 부품이 소리에 어떻게 기여했는지 인공지능은 쉽게 분석할 수도 있고 부품을 고쳐 가면서 시뮬레이션해 볼 수도 있다. 장인의 경험까지 분석할 수는 없겠지만, 적어도 기계 가공이 가능한 부분에서 인공지능의 역할은 증가할 것으로 보인다. 금속 가공 기술이 결과적으로 현의 길이를 늘여 주었듯이, 정밀 기계 기술이 결과적으로 액션의 감도와 반응성을 높여 주었듯이, 인공지능은 어떠한 방식으로 악기의 수준을 한 차원 높여 줄 수 있을지, 많은 기술자 · 공학자의 연구가 기대된다.

참고문헌

서상종 외(2014). 『피아노조율과 관련기술』. 일진사.

야나기다 마스조 외(2018). 『악기구조교과서』. 보누스.
Barron, J.(2020). *Piano: The making of a Steinway concert grand.* St. Martins Press.
Burkholder, J. P., et al.(2018). *A history of Western music.* W. W. Norton & Company.

02
피아노 관련 인공지능 기술의 발전

피아노 관련 인공지능 기술 동향을 특허 분석을 통해 살펴본다. 악기 인공지능 기술은 1989년 야마하 특허에서 처음 등장하여 2016년 이후 급격히 증가했고 현재는 연 100건 이상의 특허가 출원되고 있다. 특허 분석으로 보건대, 기술 성장을 주도하는 기업은 미국이나 중국의 빅테크 기업이 아닌 일본의 야마하나 소니와 같은 전자 악기 기업이었다.

특허를 통한 기술 동향 확인

피아노와 관련된 인공지능 기술의 동향을 특허 분석(patent analysis)을 통해 확인할 수 있다. 특허는 기술을 공개하는 대가로 법적으로 보호받는 제도여서 그 내용이 대부분 공개된다. 공개된 피아노 관련 기술 특허를 다양한 기법으로 분석함으로써 기술 동향을 확인할 수 있다. 특허 검색은 세계지적재산권기구(World Intellectual Property Organization, WIPO)를 비롯해 주요 국가의 특허청 웹사이트에서도 할 수 있으며, 특허 검색을 위한 데이터베이스를 전문적으로 제공하는 다양한 업체가 있다.

모든 특허에는 그 기술의 분야(technical field)를 규정하는 국제특허분류(International Patent Classification, IPC)가 지정되어 있다. IPC는 7만여 개 이상으로 상세하게 나뉜다. WIPO는 새로운 기술 등장을 고려하여 꾸준히 IPC를 업데이트하고 전 세계에 배포함으로써 모든 국가는 공통된 기준으로 특허의 기술을 분류한다. 하나의 특허마다 적게는 2개, 많게는 10개 이상의 IPC가 설정되어 있다.

IPC는 계층화되어 분류되며 특허의 IPC만 살펴보아도 그 특허의 기술 분야를 쉽게 파악할 수 있다. 예를 들어, 'G10'으로 시작하는 IPC는 악기에 관한 것이고, 그 하위 계층인 'G10C'는 현악기를 지칭하며, 그 하위 계층인 'G10C-001/02'는 업라이트 피아노를 지칭하고, 'G10C-001/04'는 그랜드 피아노를 지칭한다. 특허 데이터베이스의 검색 필드 중 IPC 항목에 'G01C-001/02'라는 조건을 설정하여 검색한다면 업라이트 피아노에 관한 전 세계 특허를 모두 확인할 수 있는 것이다. 특허를 확인한다는 것은 특허가 출원된 시기, 특허를 출원한 기업이나 연구소, 그 특허가 다른 특허에 인용된 횟수 등을 모두 확인함을 의미한다. 업라이트 피아노와 그랜드 피아노에 해당하는 IPC 외에도 디지털 피아노를 지칭하는 IPC, 피아노에 사용되는 섬유나 펠트를 지칭하는 IPC, 피아노 액션에 대한 IPC 등이 별도로 규정되어 있다. 마찬가지로 다양한 인공지능 기술들에 대해서도 IPC가 이미 규정되어 있다.

악기 관련 인공지능 기술 동향

악기 관련 IPC와 인공지능 관련 IPC를 '동시(and)' 조건으로 검색하면, 피아노 기술 분야와 인공지능 기술 분야 모두로 분류된 특허, 다시 말해 인공지능이 적용된 악기의 특허, 또는 악기에 적용되는 인공지능의 특허를 검색

할 수 있다. 지식 재산권 5개 강국(미국, 중국, 유럽, 일본, 한국)을 뜻하는 IP5를 대상으로 2024년 8월 31일까지 데이터베이스에 공개된 특허를 조사한 결과, 총 705건이 검색되었다. 이는 인공지능 전체 특허 수에 비하면 큰 비중을 차지하지 않는다.

최초의 인공지능 악기 특허는 1989년에 출원된 야마하(Yamaha)의 일본 특허 제2522400호다. 디지털 악기에서 신경망을 활용하여 둘 이상의 악기 파형을 악기마다 자동으로 분류해 내는 기술이다.

어쿠스틱 피아노와 관련된 최초의 인공지능 특허는 2016년에 출원된 중국의 IT 회사 선란정보기술(Senlan Information Technology)의 중국 특허 제109791740호다. 피아노 연주 시 음악 데이터를 확보하고, 연주자의 손가락에 반지 형태의 센서를 달아서 그 움직임 데이터를 확보하며, 이 두 가지 종류의 데이터를 조합 · 분석하여 연주의 정확성을 확인하는 인공지능 기술이다.

인공지능 악기 관련 최초의 한국 특허는 한국전자통신연구원에서 2011년에 출원한 “손가락 동작을 기반으로 하는 가상 악기 연주 장치 및 방법” 명칭의 한국 공개번호 제10-2013-0067856호 특허다. 이는, 위치 추적 기술을 통해 악기 없이 새도 연주를 하는 사용자의 손가락 위치를 정밀하게 추적하고 인공지능을 통해 그 소리를 예측함으로써 가상의 악기를 연주한 소리 데이터를 생성하는 기술이다.

어쿠스틱 피아노와 관련된 최초의 한국 인공지능 특허는 2020년에 KAIST 남주한 교수 연구팀에서 출원한 "주어진 악보에 대하여 다양한 스타일의 표현력 있는 피아노 연주를 생성하는 방법 및 장치" 명칭의 한국 등록번호 제2364618호 특허다. 음악적 표현이 포함된 실제 연주 파일을 신경망으로 학습하여 모델을 생성한 후, 미지의 악보를 인공지능에 입력해 피아노가 자동으로 연주하도록 하되 악보의 소리화에서 벗어나 어느 정도 음악적 표현이 있는 연주를 하게 하는 인공지능 기술이다.

전 세계적으로 1989년 최초 특허가 출원된 이래 2015년까지는 연평균 4~5건 정도의 인공지능 악기 관련 특허 출원이 있었다. 2016년부터는 변화가 이루어져, 2016년 15건을 시작으로 2017년 33건, 2018년 47건, 2019년 79건, 2020년 118건, 2021년 136건으로 크게 증가했다. 2016년은 알파고와 이세돌의 바둑 대결로 유명한 구글 딥마인드 챌린지 매치(Google DeepMind Challenge Match)가 있었던 해로서 세계적으로 인공지능 관심과 투자가 커지기 시작한 해다. 악기 관련 인공지능 역시 이러한 흐름에 따라 특허 출원이 증가함을 확인할 수 있었다. 아울러, 2015년까지는 미국과 일본의 특허가 전체 특허의 79.8%를 차지하여 양국을 중심으로 기술 개발이 이루어졌는데, 2016년부터 일본의 특허 비중이 10.9%로 떨어지는 대신에 중국의 특허 비중이 35.9%로 증가했다. 중국의 머니 게임이 2016년부터 시작한 것으로 판단할 수 있다.

가장 많은 특허를 보유한 곳은 일본의 야마하로서, 104건의 특허를 출원했다. 그다음으로 소니(Sony)가 52건, 영국의 IT 회사인 아이미(Aimi)가 32건, 독일의 음악 소프트웨어 회사인 알고리듬사(Algoriddim GmbH)가 21건, 중국의 IT 회사인 텐센트(Tencent)와 음악 스트리밍 회사인 스포티파이(Sportify)와 일본의 카시오(Casio)가 각각 19건의 특허를 보유하고 있다. 미국의 인공지능 빅테크 기업인 구글, 마이크로소프트, IBM 등은 각각 13건, 9건, 8건의 특허만을 보유하여, 악기에 특화된 인공지능 기술의 특허는 다른 일반적인 인공지능 특허와 비교하면 많이 출원하지 않은 것으로 나타났다. 한국 기업 중에서는 삼성전자가 9건의 특허를 보유하고 있다.

특허를 출원하는 기업이나 연구소의 국적으로 보면, 일본이 208건으로 가장 많았으며, 중국 203건, 미국 111

건, 한국 73건, 독일 35건 등의 순으로 나타났다. 미국과 중국은 인공지능 관련 투자를 많이 하는 국가로 알려져 있지만, 악기 관련 인공지능은 일본의 특허가 더 많은 것으로 확인되었다. 이는 야마하나 소니와 같이 전자 악기의 주요 제조사가 일본 업체인 것에 기인한 것으로 판단된다.

705건의 악기 인공지능 특허 중 피아노에 관한 특허는 42건에 불과했고, 절반 이상은 오디오 데이터를 처리하는 기술이다. 예를 들어, 노래와 같이 다양한 악기의 소리가 포함된 오디오 데이터에서 특정 악기의 음원을 분리하거나, 악기 연주 시 생성된 오디오 데이터를 분석하여 평가하거나 오류를 확인하거나 유사한 연습곡을 알려 주는 특허가 상당수 확인되었다. 피아노 외에도 기타, 드럼 등에 관한 특허도 여럿 검색되었다.

악기와 관련된 편의성 향상 도구에 대한 특허도 확인되었다. 악기 연주 중 오디오를 확인하여 알아서 전자 악보의 페이지를 넘겨 주는 페이지 터너, 전자 악보에 실제 연주한 타이밍을 체크해 주는 기술, 원격으로 합주하기 위한 프로그램, 여러 악기가 개별로 연주한 후 리듬 등을 자동으로 맞춰 줘서 합주 데이터를 생성해 주는 프로그램 등이 확인되었다.

종합적으로, 악기 인공지능 기술은 다른 인공지능 기술과 같이 2016년부터 크게 발전한 것으로 판단되지만 다른 기술 분야의 인공지능 특허에 비하면 특허 수가 많지 않은 편이다. 일반적인 인공지능 특허를 많이 보유한 국가는 미국과 중국이지만, 악기 관련 인공지능 특허를 가장 많이 보유한 국가는 일본이었다. 이는, 악기 인공지능 기술 개발을 주도하는 기업이 미국과 중국의 빅테크 기업이 아니라 일본의 야마하, 소니와 같은 전자 악기 업체임에 기인한 것으로 보인다.

참고문헌

윕스온(*n.d.*). 특허분류코드-IPC.
https://www.wipson.com/service/pcc/ipcMain.wips

윕스온(*n.d.*). 특허통합검색.
https://www.wipson.com/service/mai/main.wips

한국 특허청(*n.d.*). CPC 및 IPC 분류코드.
https://www.kipo.go.kr/ko/kpoContentView.do?menuCd=SCD0200269

WIPO(*n.d.*). Patent analytics.
https://www.wipo.int/en/web/patent-analytics/index

03
인공지능과 피아노 연주

피아니스트의 연주는 단순히 악보를 재생하는 것이 아니라, 음악적 메시지를 해석하여 청중에게 전달하는 예술적 행위다. 인공지능 피아노 연주는 실제 피아니스트의 연주 데이터를 학습하여 표현력을 향상시킬 수 있으나, 감정이나 개성적 터치 재현에 한계가 있다. 전문가의 라벨링과 피드백을 통한 데이터 개선이 필요하다.

피아니스트의 연주

피아니스트의 연주는 오선지의 악보를 단순히 소리로 재생하는 것이 아니다. 작곡가가 전달하고자 하는 음악적 메시지를 피아니스트의 해석으로 연결하는 행위다. 청중과 작곡가의 관계를 창의적으로 맺어 주며, 이는 소리의 울림 속에서 이루어진다. 소리의 울림은 음악이 되고 언어가 되며 피아니스트는 그 메신저가 된다. 피아니스트의 연주 속에서 작곡가와 청중만 남고 자신은 음악이라는 메시지 속에 사라진다. 음악은 인간 경험의 깊은 감정과 사상, 존재의 상태를 표현하는 예술이고, 피아노는 이를 위한 도구다.

하나의 음악 작품에 연주자에 따라 다양한 연주가 존재할 수밖에 없다. 작품은 피아니스트의 해석에 따라 다른 의미를 지닌다. 서로 다른 의미를 발견한 피아니스트들은 서로 다른 방법으로 음악을 현실화한다. 한 피아니스트가 같은 작품을 연주하더라도 그때마다 새로운 의미를 발견해 새로운 방식으로 연주하는 경우는 흔하다.

피아니스트들은 다양한 음악적 요소에 대해 각기 다른 견해와 철학을 갖는다. 작품에 대한 해석도 서로 다르며 이를 현실화하는 음악적 표현도 서로 다르다. 해석과 표현을 드러내는 것은 피아니스트의 다양한 연주 기법이다. 시대에 따라, 작곡가에 따라, 작품에 따라 연주자가 따라야 하는 세세한 기법까지 악보에 지시한 경우도 있지만, 대부분 피아니스트의 음악적 해석에 따른 독창적인 터치(touch), 루바토(rubato), 프레이징(phrasing), 아티큘레이션(articulation), 페달링 등의 연주 기법이 전달되는 곡의 감정에 큰 영향을 준다.

건반을 누르는 '터치'는 무엇보다 중요하다. 같은 건반을 눌러도 터치가 어떠한가에 따라 음의 질감은 다채롭게 표현된다. 독일의 피아니스트 빌헬름 켐프(Wilhelm Kempff)는 "터치가 음의 영혼"이라고 말했다.

'루바토'는 연주자가 가져가는 템포의 변동이다. 템포를 변화시킴으로써 음악적 흐름을 피아니스트가 원하는 대로 이끌 수 있다. 자유로운 루바토를 보여 준 피아니스트로 블라디미르 호로비츠(Vladimir Horowitz)가 유명하다. 호로비츠는 템포를 기계적으로 지키는 것보다 감정의 흐름에 따라 템포를 변화시키는 것이 음악을 더 생동감 있게 만든다고 강조했다.

음악에 적합한 주법으로 소리를 표현하는 것을 '아티큘레이션'이라 하며, 아르투르 슈나벨(Artur Schnabel)은 특히 베토벤 연주에서 각각의 음표가 독립적인 의미를 가져야 하기에 아티큘레이션이 곡의 의미와 논리를 표현하는 중요한 수단이라고 말했다.

마르타 아르헤리치(Martha Argerich)는 연속된 음을 적절히 그루핑하는 '프레이징'을 "음악이 말하는 방식"이라고 하면서, 곡의 전반적인 흐름과 감정선의 연결을 위해 이를 중시했다.

알프레드 코르토(Alfred Cortot)는 페달 사용에서 뛰어난 기술과 감각을 지닌 피아니스트로 평가받는다. 그는 페달을 통해 음의 지속과 잔향을 매우 세밀하게 조절하여 곡의 색채와 음향을 풍부하게 만들었다.

피아니스트이자 『피아노 이야기(Piano Pieces)』의 저자인 러셀 셔먼(Russell Sherman)에 따르면, 피아노의 아름다움은 뭐든지 할 수 있고 뭐든지 될 수 있는 변화무쌍한 유연성에 있으며, 음의 다양한 성질을 나타내도록 각 음에 영향을 끼치는 표현들이 끊임없이 나타나야 한다고 했다.

피아니스트마다 달라지는 연주

같은 곡을 피아니스트마다 다르게 연주하는 이유는 음악의 해석과 표현이 본질적으로 주관적이기 때문이다. 피아니스트는 자신의 음악적 지식, 배경과 경험을 바탕으로 곡을 해석한다. 곡의 분위기, 리듬, 감정을 어떻게 표현할지 스스로 결정하며, 이는 각자의 삶의 경험과 내면 상태에 따라 달라진다.

피아니스트마다 비슷한 해석으로 연주하더라도 터치, 페달링, 리듬 표현 등 미세한 연주 기법의 차이가 곡의 전체적인 색깔을 바꾼다. 어떤 피아니스트는 매우 섬세하고 부드럽게 연주할 수 있는 반면, 다른 연주자는 부드러우나 힘이 있는 소리로 곡을 연주할 수 있다. 이와 같은 연주의 요소들이 모여 피아니스트마다의 독특한 연주를 만든다.

또한, 피아니스트는 자신의 문화적 배경이나 시대적 맥락에 따라 곡을 다르게 해석할 수 있다. 낭만주의 시대의 피아니스트와 현대의 피아니스트는 해석이 다를 수 있다. 연주자의 문화적 배경은 개인적 경험으로서 곡의 해석과 연주에 영향을 미친다.

작곡가가 연주자마다 다르게 해석할 것임을 어느 정도 고려하고 작곡하는 경우도 자주 발견된다. 자신의 의도를 명확히 악보에 기록하지만, 연주자가 개별적으로 해석할 수 있는 여지를 남겨 두는 경우도 있다. 피아노(piano) 또는 포르테(forte)와 같은 악보에서의 다이내믹 표시는 정확한 소리의 강도를 절댓값으로 규정하는 것이 아니라, 표현하고자 하는 것을 위한 상대적인 다이내믹을 제시하는 것이다. '아드 리비툼(ad libitum)' 표시는 연주자가 자유롭게 템포를 조절하거나 리듬을 변경할 수 있음을 의미한다. 시대적으로 보면 바로크 시대에는 연주자들이 장식음이나 카덴차 부분에서 즉흥적으로 연주하는 것이 일반적이었다.

베토벤은 악보에 많은 지시를 남기는 작곡가로 유명하지만, 〈피아노 소나타 29번(함머클라비어)〉 같은 작품은 복잡하고 정밀한 구조를 가짐과 동시에 연주자가 해석할 수 있는 다양한 감정과 음악적 표현이 가능한 곡이다.

인공지능의 피아노 연주와 개선

단순한 음표의 소리화는 간단한 기계도 가능하다. 다른 음악적 표현을 제외하고 음표만 소리로 바꾸는 자동 연주 피아노 기술은 100년도 더 된 기술이다. 1895년 미국 발명가 에드윈 보테이(Edwin Votey)는 '피아놀라(Pianola)'라는 이름의 장치를 발명했다. 피아노에 부착할 수 있는 기계로, 페이퍼 롤에 구멍을 뚫고 롤을 돌리면 그 패턴에 따라 피아노 건반 아래의 액추에이터(actuator)가 동작하여 액션을 자동으로 누르는 구조였다. 겉으로 보기엔 건반이 자동으로 눌리는 것처럼 보여 유령이 피아노를 친다고들 말했다. 피아놀라는 페이퍼 롤로 표현된 악보에 그려진 음을 빠뜨리지 않고 충실히 소리화할 수 있었지만 어떠한 음악적 표현도 기대할 수 없었다.

인공지능을 활용함으로써 피아놀라가 하지 못했던 음악적 표현이 가능해졌다. 피아노 연주 인공지능은 '피아놀라'처럼 악보만 활용하는 것이 아니라 실제 피아니스트의 연주 데이터인 실연 음악을 학습한다. 악보에 표시되지 않는 피아니스트의 구체적인 음악적 표현까지 학습해야 하기 때문이다. 실연 음악으로부터 악보에 없거나 변화된 피아니스트의 다이내믹, 루바토, 아티큘레이션, 악센트, 레가토 등을 확인할 수 있는데, 일부는 프로그램이 자동으로 분석할 수 있다. 예를 들어, 음량(volume)의 상대적 변화를 통해 피아니스트의 의도적 다이내믹이 어느 정도의 세기로 적용되었는지 확인할 수 있으며, 음가(duration)의 상대적 변화를 통해 피아니스트의 루바토를 확인할 수 있다. 이는 악보에 표시되지 않는 피아니스트만의 고유한 연주 기법을 알려 주는 유용한 학습 데이터다.

피아노 연주 인공지능이 대중 앞에서 선보인 사례는 여럿 있는데, 단순한 음정의 재생을 넘어 피아니스트와 비슷하게 음악적 표현을 하면서 연주자 없이 피아노 연주가 이루어진다는 점에서 새로운 시도였으며 많은 주목을 받았다. 하지만 어느 정도의 음악적 표현을 모사한 것으로 음악적으로 자연스럽거나 만족스러운 수준은 아니었다. KAIST 남주한 교수는 음악적 표현이 가능한 인공지능으로, 피아니스트 조성진을 비롯한 여러 피아니스트의 연주 스타일을 따라 한 연주를 대중 앞에서 들려주었다. 그러나 전문 연주자들에게 들려주었을 때 인공지능 연주에 대한 평가는 좋은 점수를 받지 못했다고 밝혔다. 야마하에서는 작고한 피아니스트인 글렌 굴드(Glenn Gould)의 연주 스타일을 따라 하는 '디어 글렌(Dear Glenn)' 프로젝트를 수행했다. 그의 연주 스타일을 학습한 인공지능을 생성하고 굴드의 유족들에게 그 연주를 들려주었는데, 유족들은 감동적인 순간이었지만 연주가 굴드와 유사하다는 느낌이 크게 들지 않았다고 밝혔다.

인공지능이 피아니스트의 연주를 학습해도 전문 피아니스트와 비슷하게 연주해 내기 쉽지 않은 중요한 이유는, 피아니스트의 연주가 악곡에 충실하되 자신의 주관적 해석과 자신만의 기법으로 표현하는 고차원의 행위이기 때문이다. 이 행위는 음악이자 소리라는 형태로 나타난다. 소리는 파형(waveform)이며, 이는 시간에 따른 에너지다. 파형을 분석하는 과학적 방법은 많지만, 파형 분석만으로는 연주자의 주관적 해석과 감정을 모두 찾을 것이라고 기대할 수 없다.

이는 인공지능 학습 데이터의 핵심인 실연 음악을 프로그램으로 채보하거나 분석하는 데에 한계가 있음을 의미한다. 정량화가 되는 음량이나 음가의 상대적 비교를 통해 음의 강도나 템포 변화를 확인할 수 있어도, 음색이나 터치의 표현까지 확인하기 쉽지 않다. 음색은 정의도, 정량화도 어려운 영역이다. 터치는 파형의 시간적 진폭 변화(envelope)를 통해 일부 분석될 수 있지만, 여러 음이 동시에 파형을 생성하고 그 음들은 서로 유기적으로 연결된 것이며 시간상으로 뒤이어 등장하는 다른 음과도 연결되기 때문에, 파형만 분석하여 음악적 표현을 정량화하는 것은 무척 어려운 작업으로 보인다.

피아노 연주 인공지능에서 명확하고 구체적인 목표나 보상을 설정하는 것도 어렵다. 예를 들어, 사진에서 고양이를 찾으라고 하거나, 체스나 바둑에서 규칙을 지키며 승리하라고 하는 것처럼 명확한 목표나 보상이 없다. 인공지능은 설정된 목표를 따라 데이터 속에서 통계와 패턴을 찾는 것이기에, 목표나 보상이 없음은 인공지능 학습에서 중요하고 어려운 문제다.

피아노 연주 인공지능 개선을 위해서는 인간의 라벨링과 피드백이 중요할 것으로 보인다. 현재 기술 수준에서는, 실연 음악에서 확인되는 정량화된 데이터의 분석만으로 음악적 표현을 모두 찾아내기 어렵다. 음악 전문가들이 실연 음악을 상세히 라벨링하고 이를 학습한다면 이 문제가 다소 해결될 수 있을 것이다. 예컨대, 전문가가 실연 음악을 들으면서 특정 단위마다 터치, 페달링, 음색을 기록하고 음악적 표현과 맥락, 작곡가와 연주자의 의도 등을 분류하고 라벨링한다면, 자동 분석 프로그램으로 확인하기 어려운 데이터를 확보하는 데에 도움이 될 것이다. 또한, 전문가가 인공지능의 연주 결과물을 들으면서 어색한 부분을 확인하여 피드백함으로써 개선하는 작업 역시 의미 있을 것이다.

학습 데이터의 순도를 높이는 것도 중요하다. 실연 음악은 공연장의 영향을 많이 받는다. 울림이 잘 이루어지는 공연장인지에 따라, 같은 공연장이라도 녹음한 위치에 따라 데이터 순도가 달라진다. 피아니스트의 훌륭한 연주가 있어도 어떤 데이터는 울림이 풍부한 위치에서 녹음된 것이고 다른 데이터는 그렇지 않은 위치에서 녹음된 것이라면, 이를 모두 학습한 피아노 연주 인공지능은 어중간한 울림을 평균값으로 설정할 가능성이 있다.

이러한 인공지능을 대중 앞에서 시연하는데 그 위치가 다시 울림이 좋지 않은 공연장이라면 그 결과물은 좋지 않을 것이다.

물론, 이러한 방식으로 학습에 유의미한 개수의 데이터를 확보하는 데에는 상당한 인력과 자본이 필요함이 명확하다. 인공지능 학습에 필요한 데이터 개수는 상당하기 때문이다. 인간이 개입해야 한다면 편향성의 문제도 있을 수 있다. 라벨링에 참여한 전문가의 성향에 따라 인공지능의 능력이 달라질 수 있기 때문이다. 그럼에도 피아노 연주 인공지능의 개선을 위해서는 데이터 확보와 분석 단계에서의 상당한 노력이 필수적일 것이다.

참고문헌

저작권TV(2022). 음악 인공지능의 현재와 미래 – 남주한(KAIST 교수). YouTube. https://www.youtube.com/watch?v=NkoKH-mOlyo&list=LL&index=15

Barron, J.(2020). *Piano: The making of a Steinway concert grand.* St. Martins Press.

Fink, S.(2003). *Mastering piano technique: A guide for students, teachers and performers.* Amadeus.

National Museum of American History(*n.d.*). Aeolian pianola piano player. https://americanhistory.si.edu/collections/nmah_1160837

Sherman, R.(1997). *Piano pieces.* North Point Press.
Werner, K.(1998). *Effortless mastery.* Alfred Music.
Yamaha(2019). Dear Glenn.
https://www.yamaha.com/en/stories/new-values/dear-glenn/

04
인공지능과 작곡

작곡은 청음, 음악 형식과 악기 특성의 이해 등 다양한 능력이 필요하며, 주제 구상과 변형을 통해 창작된다. 인공지능은 통계적 패턴을 활용해 MIDI 파일을 학습하여 장르와 스타일에 따라 작곡한다. 인공지능이 대중음악에서 성과를 내고 있으나 클래식에서는 어려움을 겪는다. 클래식 이론을 심층 학습하고 인간과 협업함으로써 음악을 발전시킬 것을 기대한다.

인간의 작곡

작곡하는 방식은 작곡가마다 달라 일반화하기 어렵겠으나, 클래식 음악 작곡을 위한 과정은 다음과 같다.

먼저 작곡을 하기 위해서는 다양한 능력이 필요하다. 음을 상상하고 듣는 청음 훈련이 되어 있어야 한다. 또한, 음악 형식과 구조에 대한 이해가 필요하다. 화성 연결과 멜로디 구상에 관한 훈련도 필요하다. 연주 매체에 대한 이해도 필수적이어서 각 악기에 따른 특징, 이상적인 기법, 표현 등을 잘 알고 있어야 한다. 소리를 상상하는 내청 훈련이 잘되어 있는 작곡가라도 피아노를 떠나서 작곡하는 것은 어렵다. 따라서 악곡을 피아노로 치는 능력을 갖추는 것은 기본이라 할 수 있다.

실제 작곡 과정에서는 먼저 장르에 따라 형식을 정한다. 작은 단위인 동기에서 시작하여 주제를 만들어 간다. 이 주제는 변형을 거치며 발전한다. 대가들은 놀라운 창조력으로 기존의 형식을 뛰어넘는 작품을 발표하기도 하는데, 특히 현대에는 조성과 형식에서 벗어난 음악들이 창조된다.

그러나 모더니즘의 대가 아르놀트 쇤베르크(Arnold Schönberg)조차 그의 저서 『작곡 입문』에서 '어떠한 멜로디라도 무미건조하지 않고 아름다움을 표현해야 한다'고 했다. 이처럼 작곡 과정은 표현하고자 하는 것을 음악적 논리와 기술을 통해 예술적으로 구현하는 것이라 할 수 있다.

인공지능의 작곡

인공지능의 작곡 능력은 다양한 인공지능의 활용처 중에서도 화제성이 큰 부분이다. 인공지능이 음악 산업에서 창의적인 도구로 사용되면서 눈에 띄는 성과들이 늘어나고 있다. 인공지능의 작곡은 당연히 인간의 작곡과는 전혀 다른 방식으로 이루어진다. 인공지능이 클래식 곡을 작곡하여 성공한 사례를 찾기 어렵지만, 대중음악에서는 비교적 성공적으로 평가받는 사례가 확인된다.

팝 가수인 타린 서던(Taryn Southern)은 인공지능이 작곡한 대중음악 앨범을 발표했다. 〈I AM AI〉 라는 2017년에 발매된 이 앨범은 인공지능 작곡 플랫폼인 '앰퍼 뮤직(Amper Music)'을 사용하여 작곡되었다.

소니(Sony)의 연구소인 소니CSL(Sony Computer Science Laboratories)에서는 AI 작곡 시스템 '플로 머신(Flow Machines)'을 개발하고 2016년 〈아빠 차(Daddy's Car)〉 라는 곡을 발표했다. 이 인공지능은 비틀스의 음악적 요소들을 학습해 비틀스 스타일의 음악을 완성했다.

미국의 인디 밴드 요트(YACHT)는 2019년 앨범 〈체인 트리핑(Chain Tripping)〉에서 인공지능을 활용해 작곡했다고 밝혔다. 이들은 자신의 과거 음반 데이터를 인공지능에 학습시켜 자신들이 그동안 작곡한 곡과 비슷한 분위기의 곡을 작곡했다. 이 앨범은 그래미 어워즈에서 후보에 오르며 상업적 · 비평적으로도 성공을 거두었다.

현재 누구라도 활용할 수 있는 인공지능 작곡 플랫폼은 앰퍼 뮤직, 사운드로(Soundraw) 등 다양하다. 이들은 빠른 속도로 성능이 개선되고 있다. 우리나라 광주과학기술원(GIST)에서 개발한 이봄(EvoM)은 이미 3,000여 곡 이상을 작곡했다.

생성형 인공지능(generative AI)이 작곡을 수행하는 원리는 주로 딥러닝, 특히 순환 신경망(RNN)이나 트랜스포머(transformer) 같은 모델을 활용한 기법을 기반으로 한다. 인공지능은 수많은 음악 데이터를 학습하여 작곡 능력을 배양한다. 학습에 사용되는 주된 데이터는 MIDI(musical instrument digital interface) 파일 형식인데, 전자음악의 표준 형식 중 하나여서 확보가 쉽다. MIDI 파일은 음악을 표현하는 데에 사용되는 음표, 길이, 속도, 강약 등의 정보를 포함하고 있어 인공지능이 이를 통해 멜로디와 리듬 패턴을 학습할 수 있다. 오픈AI(OpenAI)의 '뮤즈넷(MuseNet)'은 수십만 개의 MIDI 파일을 학습 데이터로 사용했다. 클래식, 재즈, 팝, 록 등 다양한 장르의 음악이 사용되었다. 또한, 인공지능은 악기와 스타일 정보를 함께 학습한다. 이를 통해 인공지능은 다양한 악기 조합을 통해 곡을 구성하거나, 특정 장르의 스타일을 따르는 음악을 생성할 수 있다. 뮤즈넷은 10가지 악기를 사용한 작곡이 가능하다.

생성형 인공지능에게 작곡을 하라고 명령할 때는 작곡에 대한 방향을 설정해 주어야 한다. 장르를 선택하여야 이에 맞는 화음, 리듬, 악기를 구성한다. 특정 악기를 지정할 수 있어서 이에 맞는 음역과 사운드 특성을 고려해 멜로디와 화음을 생성한다. 짧은 멜로디나 리듬 패턴을 시드(seed) 멜로디로 제공할 수 있다. 인공지능은 이를 받아들이고 반복, 변형, 발전을 통해 곡을 확장한다.

인공지능이 작곡하는 과정은 주로 시퀀스 예측 기법을 사용한다. 시퀀스 예측은 인공지능이 음악을 일종의 시퀀스(연속된 데이터)로 보고, 이전 음표나 화음에 따라 다음 음표나 화음을 예측하는 방식이다. 뮤즈넷은 트랜스포머 모델을 사용해, 생성 중인 음악적 맥락에서 가장 자연스러운 다음 음표를 생성한다. 다음 음표의 생성은 사용자가 입력한 장르나 주제에 어울리며 일관성을 갖도록 이루어진다. 결국 인공지능의 작곡 원리는, 학습한 데이터에서 취득한 패턴을 따르면서 가장 어울리는 다음 음표를 찾는 과정의 반복이다. 이는 챗GPT와 같은 대형 언어 모델(large language model, LLM)에서 인간의 물음에 언어로 답변하는 과정과 유사하다.

인공지능과 클래식 작곡

인공지능에 의한 클래식 음악 작곡도 가능하다. 앰퍼 뮤직, 사운드로 등도 모두 클래식 작곡을 지원한다. 광주과학기술원의 인공지능 이봄이 작곡한 클라리넷을 위한 곡이 2018년 예술의 전당에서 연주되기도 했다. 오픈AI의 뮤즈넷은 바흐, 모차르트, 쇼팽과 같은 클래식 작곡가의 스타일을 모방하며 실제 그들이 작곡한 것처럼 들리는 곡을 만들어 낸다. '딥바흐(DeepBach)'는 바흐의 스타일로 합창곡을 작곡하는 인공지능이다. 바흐의 코랄을 기반으로 학습하여 새로운 화성 구조와 멜로디를 만들 수 있다. 또한, 베토벤의 미완성 교향곡인 〈교향곡 10번〉을 인공지능을 이용하여 완성하는 프로젝트가 진행된 바 있다.

하지만 인공지능이 작곡한 클래식 곡의 완성도를 높

게 평가하기 어렵다. 특히, 바흐, 모차르트, 베토벤 등의 작곡가 스타일을 학습하여 따라 하는 인공지능 작곡 결과물을 들어 보면, 대가들이 어느 곡에선가 사용했던 멜로디나 표현과 비슷한 부분이 발견되며 전체적으로 작곡가의 스타일을 따라 한 모방작과 같다는 느낌을 준다.

인공지능은 대중음악에서는 분명히 성과를 내고 있다. 화제성은 물론 대중성도 확보한 것으로 보인다. 다만, 대중음악은 클래식 음악과 분명한 차이가 있다. 대중음악과 클래식 음악 모두 음악적 표현의 결과물이지만 구성의 복잡성, 창의성, 음악이 표현하는 내용 등에 차이가 있다. 대중음악은 화성의 진행이 단순하고 반복적이다. 5분 내외의 짧은 곡이 많고 구절(verse), 후렴(chorus), 브리지(bridge) 등 명확하게 구분되는 구조를 갖는다. 대중음악은 장르별 특징도 명확한 편이며, 트렌디한 스타일이 무엇이라고 말할 수 있다. 따라서 인공지능이 학습하여 통계적 패턴을 확인하기 쉽다. 가사가 동반되는 경우가 많아서 전달하고자 하는 메시지도 직관적으로 들린다. 반면에 클래식 음악은 길이가 길고 진행이 복잡하며 구조가 명확하게 나누어지지 않는 경우가 많다. 하나의 곡을 가지고도 여러 학자가 다르게 분석하거나 해석하기도 한다. 서로 다른 성부가 대위법의 규칙을 따르는 다성 음악(polyphony)의 경우도 있다. 클래식 작곡가는 음악적 규칙을 따르는 한편, 창의적으로 이를 깨뜨리고 변형을 주는 경우도 많다. 감정의 표현도 미묘하며, 연주자의 주관적인 표현이 가능한 경우도 있다. 이러한 복잡성은 인공지능이 패턴을 인지하기 어렵게 만든다. 인공지능이 데이터에 기반하여 한 음표 다음에 어떠한 음표가 오는 것이 자연스러운지 예측하기 어려운 것이다.

작곡을 위한 인공지능의 개발 전망

인공지능은 작곡을 대중화하는 데에 기여할 수 있다. 축음기가 보급되기 전 음악은 공연장에 갈 수 있는 일부 부유층의 문화였지만, 턴테이블, 테이프, CD, 스트리밍으로 이어지는 기술의 발전은 음악의 보급과 소비를 대중화했다. 하지만 음악의 생성인 작곡은 여전히 일부 전문가의 영역이었다. 작곡을 위해 습득하여야 하는 이론은 전문적이고 방대하며, 재능 있는 일부 사람만 할 수 있다고 여겨졌다. 전문 작곡가들에게도 작품에 따라 한 곡을 완성하기까지 상당한 시간이 필요하다. 인공지능은 이를 타파하여 누구라도 손쉽고 빠르게 작곡할 수 있게 했다. 전문 작곡가라면 인공지능의 도움을 받아 상당량의 작업을 인공지능에 맡기고 시간을 줄일 수 있다. 작곡의 대중화는 다양한 시도와 생각으로 다양한 음악을 만들어 낸다. 다양성은 창조적이고 혁신적인 작품으로 이어진다. 이로 인해 새로운 음악의 유행과 시대가 열릴 수 있다.

우려되는 부분은 수준 낮은 음악이 범람하는 현상이다. 쉽게 만들어지고 쉽게 소비될 수 있다. 비전문가에 의해서 인공지능이 작곡한 음악들은 유튜브와 같은 소셜 네트워크 플랫폼에서 쉽게 찾아볼 수 있는데, 완성도가 높은 음악도 분명히 있지만, 누군가의 음악을 대놓고 표절하며 가사와 멜로디 일부만을 해학적으로 바꾸거나, 특정 제도나 사람을 비난하기 위한 수단 정도로 사용되는 경우도 많이 발견된다. 다른 인공지능 생성물이 그러하듯, 폭력이나 혐오의 표현 수단이 되지 않을까 우려된다.

수준 낮은 음악이 마구잡이로 생산되는 현상을 방지하기 위해 중요한 것은 이를 생성하고 소비하는 인간의 판단력이다. 수준이 낮은 음악을 걸러 내는 의지와 시선이 중요하다. 이는 인공지능 윤리와 함께 지속적으로 논의되어야 할 주제다.

인공지능이 클래식 음악의 복잡한 구조와 심층적인

음악 이론을 더 잘 이해하도록 개선되는 것은 수준 낮은 음악 생산 방지에 도움이 될 수 있다. 단순한 패턴 학습을 넘어, 대위법, 화성 진행, 변주 기법 등 클래식 음악의 전통적인 음악 이론을 더욱 심층적으로 학습하는 것이 필요해 보인다. 인공지능이 음악적 규칙과 예술적 요소를 더 깊이 이해하도록 지식 기반 시스템이나 음악 이론 기반 알고리즘을 도입하여 복잡한 구조를 더 잘 다루는 방법을 익히는 것도 좋을 것이다. 음악적 표현의 미묘한 차이를 더 잘 반영하는 것이 필요할 수 있다. 예를 들어, 다이내믹 변화, 템포의 섬세한 조절, 음색의 차이와 같은 요소를 학습하고 반영함으로써 인간적인 감정과 창의성을 더 잘 묘사하는 방법이 있을 것이다. 또한, 클래식 음악은 특정 시대적 · 문화적 맥락에서 탄생하게 된다. 종교적 맥락의 바흐 작품이나, 사회적 · 개인적 고뇌에서 탄생한 베토벤의 작품을 생각할 수 있다. 인공지능이 이러한 시대적 · 문화적 배경을 단독으로 이해하기는 어렵더라도, 인간 작곡가와 인공지능의 협업을 통해 이러한 영향을 더 잘 반영하는 방향으로 발전하는 것도 좋을 것이다.

인간과 인공지능은 서로 보완하며 함께 음악을 발전시킬 수 있다.

참고문헌

구효인(2024). 『생성형 AI 작곡 작사 마스터링』. 책바세.

김태균 외(2023). 『챗GPT와 생성AI 전망』. 커뮤니케이션북스.

AIVA. https://www.aiva.ai

Amper music. https://soundcloud.com/ampermusic

Beethoven X. https://www.beethovenx-ai.com

Hadjeres, G., et al.(2017). *DeepBach: A steerable model for Bach chorales generation.* Advancing Computing as a Science & Profession.

Kaplan, J.(2024). *Generative artificial intelligence: What everyone needs to know.* Oxford University Press.

Kissinger, H. A., et al.(2021). *The age of AI: And our human future.* Little, Brown and Company.

Magenta by Google. https://magenta.tensorflow.org

MuseNet by OpenAI. https://openai.com/index/musenet

Schoenberg, A.(1943). *Models for beginners in composition.* Oxford University Press.

Sony Computer Science Laboratories. https://www.sonycsl.co.jp/

Soundraw. https://soundraw.io/

Southern, T.(2017). Album 〈I AM AI〉. https://tarynsouthern.com/album/

Ta, A.(2019.9.9). How YACHT used A.I. to make their album 'Chain Tripping'. https://www.kcrw.com/news/shows/press-play-with-madeleine-brand/using-a-i-to-make-a-music-album/how-yacht-used-a-i-to-make-their-album-chain-tripping

05
인공지능의 피아니스트 음색 구현

음색은 소리의 질감이나 성격이다. 음량, 음고, 음가와 달리 음색은 정량화가 어려우며, 배음, 진폭 변화, 공명 등이 음색에 영향을 준다. 피아노 연주에서 음색은 연주자의 터치와 페달 사용 방식 등에 따라 달라지며, 이는 연주자의 개성을 나타낸다. 인공지능은 음색 연구에 유용할 수 있으며, 복잡한 데이터 분석을 통해 연주자의 터치와 음색 간의 관계를 밝히고, 최적의 음색을 제안하는 데에 기여할 것이다.

음색

음악이 무엇인지를 이론적으로 분석하는 연구는 오래 이어져 왔다. 이러한 연구는 주변의 소음이나 사람의 대화 같은 소리와는 다른 음악의 고유한 특성에 주목한다. 소리와 구분되는 음악의 특성을 설명하는 이론 중 음악에서의 소리의 질감이나 성격으로 설명되는 것이 음색(timbre)이다. 음색은 피아노 소리와 오르간 소리를 구분하는 원리를 설명해 주고, 어떤 피아노 소리가 다른 피아노 소리와 다르게 들리는 이유를 설명해 준다. 서로 다른 피아니스트가 같은 곡을 같은 피아노로 연주했음에도 청자가 느끼는 감정이 연주자마다 다른 것은 연주자 고유의 음색으로도 설명된다.

분석적 관점에서 음의 특성은 음량, 음고, 음가와 음색으로 구분된다. 음량은 소리의 크기나 세기다. 피아노 건반을 누르는 힘과 울림에 따라 결정된다. 음고는 소리의 높낮이다. 피아노의 어떤 건반을 누르는지에 따라 결정된다. 음가는 소리의 길이다. 피아노에서 건반을 짧게 누르면 음가는 짧아지고 길게 누르며 페달을 밟는다면 음가는 길어진다. 이를 제외한 모든 것이 음색이다. 소리가 부드럽다, 따뜻하다, 밝다, 어둡다, 날카롭다 등으로 설명되는 소리의 질감이다.

음량, 음고, 음가는 수치화할 수 있다. 음량은 80dB이고 음고는 440Hz이고 음가는 5초라고 표현할 수 있다. 그러나 음색은 정량화가 어렵다. 음량, 음고, 음가가 같은 소리더라도 우리는 피아노의 소리와 오르간의 소리를 쉽게 구분할 수 있는데, 그 이유를 수치로 표현하기 어렵다. 음색이 파형과 관련 있다는 것은 알려진 사실이지만, 정확히 어떤 파형이 어떤 소리를 의미하는지 정립된 기준이 없다. 음악 이론 학자인 김지철 박사에 의하면, 가장 널리 인용되는 음색의 정의는 1900년 미국규격협회(American National Standards Institute, ANSI)에 따른 것인데, 이마저도 "무엇이 음색인지를 기술한 것이 아니라 무엇이 음색이 아닌지를 기술한 것"이라고 한다.

음색에 관한 연구는 계속되어 왔다. 이는 소리의 본질과 청각적 인식을 탐구하는 것으로, 음향학, 인지 과학, 음악 이론이 결합되어 있다. 음향학의 기초를 다진 독일의 물리학자이자 생리학자 헬름홀츠(Hermann von Helmholtz)는 배음 구조가 음색을 결정짓는 요소라고 설명했다. 하나의 음이 여러 주파수 성분, 즉 기본음과 그 위에 쌓이는 배음으로 구성됨을 밝혔는데, 이러한 배음의 강도와 조합이 소리의 음색을 결정하며, 이로 인해 동일한 음고에서도 악기마다 다른 음색을 갖게 된다고 설명했다. 하지만 배음 이론만으로 음색의 모든 것이 설명되지 않는다. 디지털 기술이 발달하여 실험에 필요한 자극 음을 원하는 대로 조절할 수 있게 되면서 음색에 관한 연구는 더욱 활발해졌다. 버거(Kenneth Berger)의 스펙트럼 구조 이론이나 밀러(James Miller)와 카터렛(Edward Carterette)의 다차원 척도 이론 등이 등장했다.

현재 음색을 결정하는 요소로 알려진 것으로, 배음(overtone), 시간적인 진폭 변화, 공명(resonance) 등이 있다. 기본음에 쌓이는 배음이 강할수록 금속성의 음색이 난다. 시간적인 진폭 변화는 소리가 시작되는 강도인 어택(attack), 약해지는 속도인 디케이(decay), 유지되는 크기인 서스테인(sustain), 사라지는 속도인 릴리스(release)로 구분되는데, 각각의 강도나 시간에 따라 다른 음색이 느껴진다. 동일한 악기를 사용하는 다른 연주자의 음색이 다른 이유를 설명하기에 적합하다. 악기가 주는 울림을 의미하는 공명은 어떤 음색이 풍부하고 다채로운 느낌을 주는지 설명해 준다.

피아노의 음색

피아노에서 같은 음이라도 건반을 누르는 강약, 터치, 페달 사용의 차이에 따라 소리가 다르게 들린다. 이는 음색이 다르다는 것으로 설명된다. 음량, 음고, 음가가 같아도 연주 방식이나 악기에 따라 음색은 다르다. 연주 방식은 배음, 진폭, 공명에 영향을 준다. 그랜드 피아노와 업라이트 피아노는 공명이 달라 다른 음색을 나타낸다. 음색은 피아노 제조사에 따라 다르기도 하며 같은 제조사여도 향판에 따라 다르게 느껴지기도 한다. 피아니스트들이 모든 피아노가 저마다의 개성이 있다고 하는 이유다. 같은 악보를 연주하더라도 피아니스트마다, 피아노마다, 공연장마다 음색이 다르다. 달라진 음색은 독창적인 음악적 표현으로 표출된다.

극적이고 화려한 피아노곡 중 하나인 프란츠 리스트(Franz Liszt)의 〈헝가리 랩소디 제2번〉을 블라디미르 호로비츠와 조르주 치프라(György Cziffra)는 매우 다른 방식으로 해석하여 마치 다른 곡을 듣는 것처럼 느껴지게 했다. 호로비츠는 섬세하면서도 폭발적인 다이내믹을 보여 주며 페달을 절제하여 명확하고 고전적인 음색을 유지했다. 청자에게 곡의 구조와 기교를 명확히 전달해 주었으며 유려하면서도 통제된 기법을 통해 고전적이면서도 우아한 느낌을 주었다. 치프라는 자유롭고 폭발적으로 연주하여 마치 즉흥 연주처럼 들리게 했으며, 화려하고 격정적이며 강렬한 에너지를 느끼게 했다. 빠르고 과감한 페달 사용과 때로는 감정의 극대화된 표현을 통해 듣는 사람에게 전율을 주었으며 리스트가 의도한 초인적인 연주 스타일을 재현했다. 연주자가 곡을 어떻게 해석했고, 해석한 결과를 어떤 연주 기법으로 연주했는지, 어떠한 음색을 선호하는지에 따라 음색은 달라진다. 이는 피아니스트마다 고유한 음악적 표현으로 나타난다.

피아니스트는 머릿속으로 원하는 음색을 상상하고 소리에 대한 콘셉트를 가지고 신체를 사용하여 그 음을 구현해 낸다. 연주한 음을 귀로 확인하면서 상상한 음색이 구현되었는지 살펴보고 음을 조정한다. 이러한 과정을 통해 피아니스트는 자신의 고유한 음색을 만들어 간다. 목소리만 듣고 사람을 구별할 수 있듯, 피아니스트가 누구인지 모르는 음악을 들어도 그 음색으로 피아니스트를 인식할 수 있을 정도다.

피아니스트의 음색에 영향을 주는 연주 스타일은 다양하다. 건반을 누르는 방식인 터치의 차이, 페달의 사용, 다이내믹 등은 음색에 크게 영향을 주는 부분이다.

피아니스트의 터치는 건반을 누르는 속도, 강도, 손가락의 압력, 아티큘레이션, 신체를 사용하는 방식 등 모든 것에 영향을 받는다. 이는 피아니스트마다 다르며 어떤 곡의 어떤 부분을 연주하는지에 따라 다르다. 터치에 따라 시간적 진폭 변화에서 어택, 디케이, 서스테인, 릴리스가 달라진다. 피아니스트마다 페달을 어떻게 사용했는지에 따라 음색이 달라지며, 특히 서스테인 페달(damper pedal)은 사용함으로써 해당 부분의 소리를 더 길게 울리게 하여 풍부하고 공명감 있는 음색을 만들 수 있다. 반대로 서스테인 페달을 덜 사용하면 명확하고 분명한 소리가 나서 음이 서로 분리된 느낌을 준다. 연주자에 따라 부드럽고 섬세한 표현을 위해 왼쪽 페달인 소프트 페달(soft pedal)의 사용을 선호하는 경우도 있는데, 소프트 페달로 인해 음색이 달라지는 것을 원하지 않는 경우라면 사용을 제한한다.

음색을 분석하기 위한 인공지능의 가능성

음색 연구는 어렵다. 음색은 주파수, 시간적 변화, 에너지 분포 등 여러 물리적 요소가 복합적으로 작용해 만들어진다. 피아노는 각 음정이 여러 개의 현에 의해 만들어지기 때문에 기본 주파수와 그 위에 얹히는 배음이 복잡하게 상호 작용한다. 배음 구조와 복잡한 주파수 간의 협업을 모두 측정하고 분석하는 것은 여간 어려운 작업이 아니다. 또한, 피아노 음에서는 시간이 지남에 따라 에너지 변화와 소리의 감쇠가 이루어지며 음색이 변하기 때문에 시간적 변화까지 모두 파악하기는 더욱 어렵다.

다른 악기와 비교하여 피아노의 음색은 악기 자체뿐만 아니라 피아니스트의 음색에 대한 선호와 기술, 표현 방식에 많은 영향을 받는다. 또한, 음색은 사람마다 다르게 인식될 수 있어서 연구에 어려움을 더한다. 동일한 피아노 소리라도 청자의 감정적 상태, 청각적 경험, 개인적 취향에 따라 다르게 느껴질 수 있다. 따라서 음색 연구는 단순히 물리적 특성뿐만 아니라 인간의 청각적 인지와 심리적 반응을 포함하곤 한다.

그럼에도 피아노 음색 연구는 중요하다. 훌륭한 피아니스트가 되려고 훈련할 때 좋은 음색을 갖는 것은 필수다. 음색은 피아니스트 고유의 목소리다. 음색은 청자에게 직접 전달되는 소리로 음악적 표현과 연결되기 때문이다. 좋은 악기의 설계 · 제조에서도 훌륭한 음색이 무엇인지 탐구하는 과정과 왜 그러한 음색이 만들어지는지 연구하는 것이 중요하다.

다양한 종류의 데이터와 복잡한 상호 작용의 결과물인 음색의 분석에 인공지능이 적절하다. 우리는 인공지능이 도출한 결과를 보면서 어떠한 원리와 패턴으로 이러한 결과를 도출했는지 알 수 없지만 그 결과물에 고개를 끄덕이는 경우가 있다. 굳이 설명 가능한 인공지능(explainable artificial intelligence, XAI)을 활용한 것이 아니어도 우리는 결과물을 보고 납득해 낸다. 바둑 인공지능이 인간이 도저히 생각하기 어려운 곳에 착점하여 승리를 거두었다면 그곳을 어떻게 찾아내었는지 명확히 설명할 수 없지만, 승리라는 결과물을 만들어 내었기에 납득한다. 음색의 해석은 이러한 인공지능 분석의 적절한 대상일 수 있다. 그동안의 많은 음색 연구는, 인공지능에게 어떤 데이터를 학습시켜야 하는지 단서를 제공했다. 기본 주파수와 배음 구조를 확인하기 위한 주파수 스펙트럼(frequency spectrum)을 학습하고, 시간에 따라 변화하는 에너지 분포(energy distribution)를 확인하며, 시간적 진폭 변화와 어택, 디케이, 서스테인, 릴리스의 시간과 강도를 확인하고, 더불어 데이터가 녹음된 당시의 악기와 공연장의 특성을 모두 고려한 공명 정도가 포함되어야 할 것이다. 피아니스트의 손가락, 팔꿈치, 어깨, 그리고 페달을 밟는 발에 모션 센서를 부착하여 연주 시 피아니스트의 신체 움직임을 확인함으로써, 이와 음색 사이의 상관관계를 알아낼 수 있다면 더욱 좋을 것이다.

인공지능은 음색 연구에 커다란 변곡점을 만들 수 있

을 것이다. 인공지능은 다차원적 데이터의 통계적 분석을 통한 패턴을 찾을 수 있을 것으로 기대된다. 피아니스트의 터치에 반응하여 어떠한 배음과 에너지 분포와 울림이 이루어지는지 예측할 수 있다면, 피아니스트에게 원하는 음악적 표현을 위한 최적의 터치나 다이내믹을 알려 줄 수 있을 것이다. 이는 로봇에 의한 인공지능 연주에 큰 도움이 될 것이다. 반대로, 피아니스트의 터치와 이에 따른 연주 결과를 아는 상태라면 더 나은 음색을 위해 악기의 조율을 어떻게 할지, 공연장의 울림 상태를 어떻게 조절할지를 결정하는 것에도 도움이 될 것이다. 훌륭한 피아니스트의 음색이 이루어지는 과정을 이해한다거나 그를 따라 하는 연주가 가능한 인공지능을 만드는 작업도 음색에 대한 분석이 선결될 필요가 있다.

참고문헌

김경일 외(2005). 『음악의 지각과 인지』. 음악세계.

박은지(2024). 『사운드 오브 뮤직』. 디페랑스.

Blacking, J.(1973). *How musical is man*. University of Washington Press.

06
인공지능을 이용한 피아노 교습

피아노 교습은 단순히 기술을 전달하는 과정이 아니라 음악성을 키우는 과정이다. 디지털 시대에 이르러 피아노 교습 방법은 다양해졌고 인공지능은 개인 맞춤형 피드백과 커리큘럼 제공에도 큰 도움을 주고 있다. 하지만 현재의 인공지능 교습 기술은 음악을 통한 자기 발견과 인간성 발현에까지는 도움을 주지 못하고 있다.

피아노 교습의 의미

음악 교습을 위한 첫 악기로 피아노를 선택하는 경우가 많다. 피아노의 건반은 음계에 대한 시각적 정보를 직관적으로 제공하여 음의 배열 이해에 큰 도움을 준다. 잘 관리된 피아노의 음정은 정확한 소리를 생성하여 귀를 훈련시킬 수 있으며, 음역대가 넓어서 다양한 음을 경험하고 음악적 감각을 풍부하게 발전시킬 수 있다. 화음, 멜로디, 리듬을 동시에 표현할 수 있어서 음악 이론 이해에 도움이 된다. 양손을 동시에 사용하기에 협응력과 균형 있는 뇌 발전에도 도움이 된다.

이렇듯 여러 장점에서 피아노 교습을 시작할 때 피아노 연주 기초는 매우 중요하여, 올바른 자세, 손가락 움직임 등의 기본적인 테크닉을 제대로 익히지 않으면 악곡의 연주 시 문제가 될 수 있다.

기술적인 학습뿐 아니라 음악적 문장 단위인 프레이즈를 위해 호흡을 가져야 한다. 프레이징을 통해 피아노로 노래할 수 있다.

무엇보다 중요한 것은 피아노를 통해 음악을 배우고 음악을 표현하는 능력을 키우는 것이다. 이를 위해 음악의 구조, 화성, 선율, 리듬을 이해하고 연주에 적용할 수 있어야 한다. 더 나아가 곡의 성격, 뉘앙스를 파악하는 것은 감각의 영역으로 오랜 훈련이 필요하다.

피아노 교습은 교수자와 학습자 사이의 밀접하고 개인화된 작업이다. 그래서 스승의 음악적 해석이나 연주를 그대로 모방하기도 쉽다. 그러나 훌륭한 연주란 자신의 목소리를 통해 작곡가의 의도를 잘 전달하는 것이다. 훌륭한 교수자는 학생의 캐릭터를 파악하고 음악을 통해 고유의 인간성을 잘 발휘할 수 있도록 장려한다. 또한, 연주에서 부딪히는 신체적 · 정서적 문제를 진단하여 해결에 도움을 주어야 한다. 이를 통해 교수자가 이루고자 하는 목표는 학생의 음악적 독립이다.

디지털 시대의 피아노 교습

디지털 시대가 되면서 피아노 레슨의 형태가 변화하고 있다. 전통적인 피아노 교육 방식에 새로운 방법들이 더해지며 다양한 학습 도구와 접근 방식이 가능해졌다.

디지털 교습은 디지털 악보의 활용에서 출발한다. 종이 악보 대신에 태블릿 등을 이용하여 디지털 악보를 활용하는 경우가 많아졌다. 많은 악보를 편리하게 관리하고 수정하고 편집할 수 있으며, 녹음 · 녹화 기능을 효과적으로 사용할 수 있다. 실제 공연장에서 페이지를 넘겨주는 사람인 페이지 터너(page turner)가 필요하지 않게 되었으며, 별도의 기기를 통해 연주자가 스스로 디지털 악보를 넘기거나 실시간 연주되는 음을 분석하여 최적의 시점에 자동으로 페이지를 넘겨 주는 기술도 개발되었다.

디지털 악보의 보급과 함께 인터넷을 통한 온라인 레슨이 다양하게 시도되고 있다. 줌(Zoom), 스카이프(Skype) 등의 원격 회의 플랫폼을 사용하여 교수자에게 실시간 레슨을 받기도 한다. 학습자들은 지역에 상관없이 훌륭한 스승에게 배울 기회를 얻게 되었으며, 언제든 교습 내용을 다시 들어 볼 수 있게 되었다. 유명 피아니스트의 온라인 마스터 클래스도 어렵지 않게 찾아볼 수 있다. 유튜브(YouTube)와 같은 소셜 미디어 서비스를 통해 자신의 연주를 공유하여 피드백을 받거나 교류하기도 한다.

독학을 위한 다양한 피아노 학습 소프트웨어가 개발되었다. 이러한 앱들은 학습자가 단계별로 연습할 수 있는 자료를 제공하며 실시간으로 피드백을 준다. 사람이 직접 피아노를 교습한다는 느낌은 부족할 수 있지만 대부분 개인 맞춤형 학습이 제공되기 때문에 어느 정도 이를 보완한다.

야마하가 개발한 '플로우키(Flowkey)'는 직관적인 인터페이스를 제공하여 초보자도 쉽게 접근할 수 있게 하며 MIDI나 어쿠스틱 피아노와 연결해 실시간으로 연주를 분석하고 잘못된 부분을 즉시 알려 주는 기능을 제공한다. 클래식, 팝, 재즈 등 여러 장르의 곡을 제공하여 자신이 좋아하는 곡을 선택해 연습할 수 있다.

야마하는 '디스클라비어(Disklavier)'라는 피아노도 선보였다. 이는 어쿠스틱 그랜드 피아노에 디지털 기능을 추가한 하이브리드 피아노다. 온라인으로 연결된 피아노에 의해 학습자와 물리적으로 떨어진 곳의 교수자가 연주를 정확하게 듣고 피드백할 수 있다. 켄터키대학교(University of Kentucky), 맨해튼음악학교(Manhattan School of Music) 등 많은 학교에서 이를 활용하고 있으며, 원격 마스터 클래스와 협업 연주에도 활용되고 있다.

'피아노트(Pianote)'와 같은 프로그램에서는 라이브 스트리밍 레슨과 Q&A 세션을 통해 학습자가 교수자와 실시간으로 소통할 수 있다. 또한, 다른 학습자들과 교류하거나 연주 경험, 질문을 공유하는 기능을 제공한다.

그 외에도 '심플리 피아노(Simply Piano)', '플레이그라운드 세션(Playground Sessions)', '유지션(Yousician)' 등 다양한 프로그램이 개발되어 활용되고 있다.

인공지능과 피아노 교습

개인 맞춤형 교습이나 실시간 연주 분석 등은, 인공지능 활용 없이 단순한 규칙 기반 시스템(rule-based system)만으로 구현하기에 한계가 있기 때문에 현재의 디지털 피아노 교습 프로그램에는 이미 인공지능이 적용된 것으로 보인다. 어떤 인공지능 모델이 활용되고 어떤 데이터가 학습되었는지 알려진 정보가 많지 않지만, 향후 인공지능 개발에 따라 디지털 피아노 교습이 더욱 정교해지고 활발해질 것을 부인하기 어려워 보인다.

기본기 확립이 중요한 초보자는 인공지능을 통해 정확한 자세를 코칭받고 개인화된 즉각적 피드백을 받을 수 있을 것이다. 현재의 실력에 알맞은 연습곡을 추천받고 단계별로 테크닉을 훈련할 수도 있다. 생성형 인공지능은 학습자의 능력과 선호도, 학습 진행 속도 등을 고려하면서 교육 커리큘럼을 효과적으로 생성하여 제공할 수 있으며, 이는 피아노 교습에 커다란 변화를 가져올 수 있다.

그러나 현재의 기술력으로는 인공지능이 감정적이고 인지적인 해석이 포함되는 영역이나 난해한 악곡에서까지 훌륭한 교습을 제공하지는 못할 것으로 보인다. 많은 프로그램이 초중급자를 위한 테크닉 훈련에는 도움을 주지만 음악적 표현이나 감성적인 연주 영역에까지 상세한 피드백을 제공하지 못한다.

또한, 정해진 커리큘럼과 피드백 시스템에 의존하는 경향이 있기 때문에 전문 피아니스트의 취향(taste)이나 신체적 특징, 개인의 음색 등에 따른 맞춤형 지도까지 대응하기에는 아직 어려울 것으로 보인다.

피아노 교습은 기술적인 습득만을 의미하지 않는다. 음악을 배우고 표현하는 능력을 키움으로써 음악적 독립을 이루는 것이며, 이를 위해 스승은 학생의 정서적인 부분까지도 고려하여 음악성을 장려한다. 인공지능 교습 기술은 테크닉을 전수할 수는 있겠으나 음악성의 장려에는 이르지 못하는 것으로 보인다.

피아노를 배우는 과정은 음악과의 관계를 통해 나를 알아 가는 과정이자 나의 인간성을 드러내는 과정이다. 음악적 소통을 하면서 이러한 과정을 이끌어 줄 수 있는 교수자가 없다는 것은 인공지능 교습 기술이 갖는 커다란 한계일 수밖에 없다.

참고문헌

한송이(2023). 『생성형 AI를 활용한 미래교육』. 교육과학사.
Flowkey. https://www.flowkey.com

Holmes, W., et al.(2019). *Artificial intelligence in education.* Independently published.

Pianote. https://www.pianote.com

Yamaha(*n.d.*). Disklavier. https://kr.yamaha.com/ko/products/musical_instruments/pianos/disklavier/index.html

07
인공지능과 디지털 피아노

어쿠스틱 피아노는 해머로 현을 치며 깊이 있는 울림을 제공하지만, 디지털 피아노는 전자 신호로 음을 생성한다. 디지털 피아노는 유지 보수가 쉽고 저렴해 접근성이 뛰어나지만, 어쿠스틱 피아노만큼의 자연스러운 음색과 터치감 구현에 한계가 있다. 인공지능은 고도화된 모델링 기술을 수행하여 자연스러운 음색과 반응성 높은 건반 터치감을 구현하는 데에 도움을 줄 수 있다.

디지털 피아노와 어쿠스틱 피아노

데이터 처리 기술의 고도화는 관리가 어렵지 않고 저렴하여 대중 접근성이 좋은 디지털 피아노를 만들었다. 디지털 피아노는 현을 때려 소리를 내는 것이 아니기에 '피아노'라는 이름보다 '건반 악기(keyboard)' 또는 그의 한 종류라고 부르는 것이 적절할 것으로 생각된다. 이처럼 음악적 표현 방법이 다름에도 어쿠스틱 피아노 대신에 디지털 피아노를 즐기며 이를 통해 어쿠스틱 피아노를 연습하는 경우가 많다.

중국의 피아니스트 랑랑(Lang Lang)은 이동 중이거나 리허설 외 시간에 디지털 피아노를 사용하여 연습하는 모습을 자주 보여 주었다. 또한, 디지털 피아노와 'LUMI' 앱을 이용하여 연주를 하거나 교습을 선보인 적도 있다. 전문 클래식 피아니스트에게서 보기 드문 시도다. 랑랑은 이를 통해 새로운 방식의 음악적 경험을 창출하고 많은 사람이 피아노에 흥미를 갖도록 장려하고자 했다고 밝혔다.

디지털 피아노는 전자적으로 생성된 소리 샘플을 이용하여 신호를 통해 음을 생성한다. 고급 디지털 피아노일수록 실제 어쿠스틱 피아노의 소리, 즉 해머가 현을 때리는 소리와 비슷한 소리를 만들어 내려 하지만 완전히 동일하거나 자연스러운 소리를 구현하기는 아직 어려운 것이 현실이다. 어쿠스틱 피아노에서 표현할 수 있는 음의 뉘앙스나 풍부한 울림, 미세한 차이까지 정교하게 구현하는 것에는 한계가 있다.

건반 터치감에도 차이가 있다. 건반이 해머를 동작시킴에 따른 자연스러운 무게감이나 손끝에 실린 힘과 무게에 반응하여 작은 부품들이 춤추듯 동작함에 따라 피드백을 받는 피아노 고유의 터치감을 따라가기 어렵다. 디지털 피아노 대부분의 터치감은 어쿠스틱 피아노보다 가벼운 편이다.

다만, 디지털 피아노는 현이 없기 때문에 조율이 필요하지 않다. 습도 관리가 중요한 목재는 건반 정도가 유일하며, 저가형 디지털 피아노는 이마저도 플라스틱 사출물이다. 그 외의 전자 부품들이 정상적으로 동작할 정도로만 관리하면 족하다. 또한, 전자 부품으로 이루어져서 가볍고 크기가 작다. 콘서트용 고급 모델은 부피가 큰 편이지만, 분리 조립이 수월하여 이동성이 좋다. 이어폰을 사용할 수 있어서 소음 문제가 해결되며 녹음과 재생도 편리하다. 다양한 샘플을 통해 연습에 도움을 받거나 연주하는 음 자체를 변화시킬 수 있으며 데이터나 소프트웨어 업데이트를 통해 다양한 기능 확장도 가능하다.

음악적 표현의 한계가 있다는 커다란 단점에도 불구하고 디지털 피아노는 다양한 장점을 갖기 때문에 가정이나 교육 현장은 물론이고 대중음악 콘서트에서도 널리 활용된다.

디지털 피아노의 개발

디지털 피아노는 20세기 후반 전자 기술의 발전과 함께 등장했다. 1960년대에 전기적 신호에 의해 소리를 생성하는 방식으로 어쿠스틱 피아노를 대체하는 악기가 나타났고 이를 전자 피아노(electric piano)라 불렀다. 당시에는 로드 전자 피아노(Rhodes Electric Piano)와 월리처 전자 피아노(Wurlitzer Electric Piano)가 널리 알려졌다.

1970년대 말 샘플링 기술이 개발되면서 각 음에 해당하는 어쿠스틱 피아노 소리를 저장한 후 연주자가 특정 건반을 누르면 이에 맞는 음을 재생하는 방법이 적용되었다. 1980년대 초 야마하는 최초의 상용 디지털 피아노인 클라비노바(Clavinova) 시리즈를 출시했다. 실제 피아노 소리를 디지털로 샘플링하고 전자적으로 재생하는 기술을 도입한 최초의 디지털 피아노로 여겨진다. 1990년대에 디지털 피아노는 더욱 세련되어지고 고도화되었다. 발전된 샘플링 기술 덕분에 어쿠스틱 피아노와 유사한 연주가 가능해졌다. 2000년대 이후 디지털 피아노에 샘플링 기술뿐만 아니라 모델링 기술도 도입된다. 샘플링 기술이 녹음된 샘플 음을 재생하는 것이라면, 모델링 기술은 단순 재생이 아니라 실제 피아노 소리를 물리적으로 분석하고 이를 기반으로 소리를 새롭게 생성하는 방식이다. 이로 인해 디지털 피아노는 어쿠스틱 피아노와 더욱 유사해졌고 다양한 표현력까지 갖추게 되었다. MIDI 기능을 통해 컴퓨터와의 연동이 쉬워지고, 다양한 음향 라이브러리에 연결되고, 소프트웨어 업데이트를 통해 새로운 음색과 기능이 추가되었다. 다양한 부가 기능이 하나씩 추가되면서 가정용과 연습용으로도 인기를 얻게 되었다.

인공지능이 가져올 디지털 피아노의 변화

디지털 피아노는 60여 년의 짧은 개발 역사 속에서 많은 기술적 혁신을 이루었으며 지금도 발전 중이다. 연주자에게 많은 가능성을 제공하는 악기로 자리 잡았다. 100여 년 동안 디자인과 메커니즘에 큰 변화가 없는 어쿠스틱 피아노와 대비된다.

디지털 피아노 제조사들은 인공지능을 활용하는 기술

도 계속 개발하고 있다. 롤랜드(Roland)는 "피아노 에브리데이(Piano Every Day)"라는 인공지능 기반 학습 시스템을 디지털 피아노에 접목했다. 이 시스템은 사용자의 연주 스타일, 정확성, 리듬 감각 등을 분석하여 맞춤형 피드백을 제공한다. 연주자에게서 개선이 필요한 부분을 자동으로 식별하고, 실시간으로 연습 방법을 제안하는 기능을 갖추고 있다. 카시오는 "코다나 플레이(Chordana Play for Piano)"라는 인공지능 기반 학습 시스템을 제공한다. 연습 중의 오류를 자동으로 감지하고, 연주 패턴을 분석함으로써 적합한 학습 곡을 추천한다. 야마하의 "스마트 피아니스트(Smart Pianist)"는 연주자의 실력을 분석하고, 오디오 파일에서 코드 진행을 자동으로 추출하여 피아노로 재현할 수 있도록 지원하는 인공지능 프로그램이다.

이러한 인공지능 기술들은 디지털 피아노를 더욱 사용자 친화적으로 만들어 주고 개인 맞춤형 경험을 제공한다. 다만, 연습과 교습에 집중된 것으로 보인다. 디지털 피아노의 주 수요자인 비전문가에게 더욱 매력적인 기능을 제공하고자 한 것이다. 하지만 인공지능은 여기에 그치지 않고 디지털 피아노 자체의 기능 개선에도 역할을 할 수 있다.

디지털 피아노가 가진 음악적 표현의 한계는 아직 해결되지 못한 문제다. 사용자들은 여전히 어쿠스틱 피아노처럼 자연스러운 음색을 기대한다. 기술 발전에도 불구하고 전자적으로 정보 처리된 음은 여전히 부자연스럽게 느껴진다. 현을 때림으로써 느껴지는 자연적인 소리, 음의 울림, 깊이 있는 음색과 뉘앙스는 재현되기 어렵다. 약간의 경험만 있어도 디지털 피아노 소리와 어쿠스틱 피아노 소리를 쉽게 구분할 수 있다.

인공지능의 발전은 디지털 피아노의 음색 발전에 기여할 수 있다. 디지털 피아노가 음을 생성하는 원리는 모델링 기술이며, 이는 어쿠스틱 피아노의 각 음을 분석하는 것에서 출발한다. 인공지능은 많은 데이터 속에서 통계적 패턴을 찾아내는 도구다. 지금의 파형 분석만으로 상세하게 해석해 낼 수 없는 음의 울림, 뉘앙스도 인공지능을 통해 분석할 수 있을 것이다. 라벨링을 할 만한 데이터도 충분하다. 이미 일부 디지털 피아노 제조사는 인공지능을 통해 어쿠스틱 피아노의 울림을 구현하기 위한 기술을 개발하고 있는 것으로 알려져 있다.

디지털 피아노의 가벼운 터치감을 해결하기 위한 기술적 단서를 제공할 수 있을 것이다. 연주자의 섬세한 터치감을 수용하고, 건반의 반응과 다이내믹을 실시간으로 조정하는 기능이 인공지능을 통해 구현될 수 있을 것이다. 이를 위해, 건반의 무게감을 제어하는 기계 장치와, 이를 조절할 수 있는 액추에이터와, 사용자의 감각을 피드백 받는 방법이 함께 연구되어야 할 것이다.

디지털 피아노가 어쿠스틱 피아노만큼의 섬세한 표현력을 제공하도록 하는 기술 개발도 기대된다. 디지털 피아노의 건반 반응성과 음색은 어쿠스틱 피아노의 수준을 구사하지 못한다. 음량, 속도, 강약 조절에 한계가 있다. 이는 건반의 센서 감도는 물론, 데이터를 처리하여야 하는 사운드 엔진의 한계에 원인이 있을 수 있다. 다행인 점은 CPU 등의 발전으로 정보 처리 속도가 눈에 띄게 상승했다는 점이다. 그렇다면, 연주자의 터치 강도와 속도에 따른 어쿠스틱 피아노의 미세한 음을 학습 데이터로 하여 모델링을 수행한 후, 민감한 건반 센서 감도를 활용함으로써, 높은 반응성으로 어쿠스틱 피아노만큼 음악적 표현력을 풍부하게 구현하는 것도 가능할 것으로 기대된다.

참고문헌

구효인(2024). 『생성형 AI 작곡 작사 마스터링』. 책바세.
야나기다 마스조 외(2018). 『악기구조교과서』. 보누스.

오희숙·원유선(2021). 『디지털 혁명과 음악』. 모노폴리.
한송이(2023). 『생성형 AI를 활용한 미래교육』. 교육과학사.
Casio(*n.d.*). Chordana Play for Piano.
https://web.casio.com/app/en/piano/
Eales, A.(2019.3.1). Lang Lang's daily technical exercises. *Pianodao*,
https://pianodao.com/2019/03/01/lang-langs-daily-technical-exercises/
Roland(*n.d.*). Piano Every Day.
https://www.roland.com/global/products/piano_every_day/
Yamaha(*n.d.*). Smart Pianist.
https://kr.yamaha.com/ko/products/musical_instruments/pianos/apps/smart_pianist/index.html

08
인공지능에 의한 피아노 생산과 관리

피아노 제작은 12,000개 이상의 부품을 세밀하게 조립하는 정교한 과정이다. 피아노의 설계는 물론이고 목재와 금속 등의 재료도 피아노의 음색에 큰 영향을 준다. 인공지능은 고품질 재료의 선택, 맞춤형 피아노 설계, 정밀한 조율 지원 등에 도움을 줄 수 있으며, 피아노 관리에서도 혁신을 가져올 것으로 전망된다.

피아노의 생산

12,000개 이상의 부품으로 이루어지는 피아노 제작의 첫 단계는 디자인이다. 현대식 피아노의 디자인은 지금의 피아노 형태가 완성된 1900년대 초와 크게 다르지 않다. 외형과 부품에 약간의 개선은 있었으나 기본적 메커니즘은 크게 변하지 않았다.

디자인이 결정되면 필요한 부품을 확인하고 자재를 확보한다. 디자인마다 필요한 부품 리스트와 재료는 이미 정해져 있다. 가장 중요한 재료는 목재인데, 특히 향판(sound board)은 형태만큼이나 목재 자체의 상태가 중요하다. 향판이 어떤 나무로 이루어지고 건조 상태가 어떠한지에 따라 다른 피아노와 구분되는 음색이 나타난다. 제임스 배런(James Barron)은 "라흐마니노프나 차이콥스키에게 적합하도록 의지가 강한 달변의 피아노가 되는 것도, 모차르트나 슈베르트에 어울리도록 따뜻하고 부드럽고 유순한 피아노가 되는 것도 모두 향판에 기인한다"고 했다. 스타인웨이는 태평양 연안 북서부 지방의 삼림에서 벌목된 가문비나무만을 향판으로 사용한다. 벌목 과정과 운송 과정만 현대식으로 바뀌었을 뿐, 제2차 세계대전 시기 정도만 제외하면 이 전통이 100년 이상 이어지고 있다고 한다. 야마하는 변형이 거의 없는 시트카 스프루스나 재패니즈 스프루스만을 사용한다고 한다.

금속재도 활용된다. 현은 강철로 만들어지며 현을 단단히 잡아 주는 내부 프레임은 주철로 만들어진다. 주철 프레임은 주조 공장에서 정해진 규격으로 주조된 후 연마되고 도장 처리되어 피아노 공장으로 운반된다.

부품 조립 과정은 매우 정교하다. 어떤 작업은 상당한 시간을 들여 이루어져야 하며, 다른 작업은 수십 년 경험자만이 할 수 있으며, 모든 부품이 완벽하게 자리를 잡을 때까지 수없이 반복되어야 하는 작업도 있다. 주요 피아노 제조사는 5/100mm 이하의 정밀도로 액션을 조립하고 있다. 조립이 완료된 후 외관 마감을 하고, 최종 조율과 품질 검사를 한다.

재료 준비, 부품 준비, 조립, 검수, 조율은 모두 어렵고 섬세한 작업이다. 제임스 배런은 그의 저서에서 해머 생크(hammer shank)와 테플론 해머와 관련된 사례를 예로 들어 이를 설명했다.

액션에 있는 해머 생크는 건반과 해머를 연결하는 막대 형태의 부품이다. 건반에서 시작된 연주자의 미세한 동작을 해머까지 부드럽게 전달하는 기능을 하며 건반마다 갖춰져 있다. 스타인웨이의 액션 조립 팀장은 해머 생크를 소개하며, "2g 플러스마이너스 1g으로 움직이는 부품입니다. 아주 작은 힘이죠. 그랜드 피아노를 치지 못하는 제 입장에서 봤을 때 놀라지 않을 수 없는 점은, 사람들이 그 차이를 구별해 낸다는 사실이에요. 힘이 더 든다, 덜 든다 하고 귀신같이 알아내는 거지요"라고 말한다. 고작 1g의 무게 차이를 피아니스트는 감각으로 알아챌 수 있으며 이것이 건반 반응성과 소리와 음색을 다르게 하여 좋은 피아노 여부를 결정하게 된다는 것이다.

해머 끝은 펠트(felt)로 감싼다. 현을 직접 때리는 부분은 양모로 제작된 펠트인 셈이다. 1962년 스타인웨이는 해머를 감싸는 소재를 펠트에서 테플론(Teflon)으로 변경하고 특허를 확보했다. 테플론으로 인해 펠트가 주변 환경에 따라 변형되는 문제가 해결되었고 손으로 펠트를 다듬는 과정이 생략되어 인건비 지출을 줄일 수 있었다. 그런데 테플론 자체는 주변 온습도에 따라 변형되지 않아도 다른 목제 부품들은 여전히 영향을 받았다. 습기를 머금어 목재가 팽창되어도 테플론만 그대로여서 액션을 쥐어짜는 형태가 되었다. 반대로 겨울에 건조해지면 테플론은 그대로지만 액션만 느슨해졌다. 결과적으로 주변 환경에 따라 액션의 다른 부품과 테플론 사이의 연결이 달라지며 딸깍거리는 소리가 자주 발생했다. 찰스 로젠(Charles Rosen)이나 유진 이스토민(Eugene Istomin)과 같은 피아니스트들은 이 소리가 성가셔서 견딜 수 없었다고 하며 테플론이 적용되지 않은 오래된 스타인웨이를 찾아다녔다고 한다. 어떤 콘서트홀에서는 피아노에 있는 모든 건반에서 테플론을 빼내기도 했다. 결국, 1982년 스타인웨이는 기존의 양모 펠트로 돌아갔다. 10,000개가 넘는 부품 중 어느 하나의 재료 변경은 이처럼 어려운 작업이었다.

현재의 피아노와 100여 년 전의 피아노를 비교하면 일부 부품 재질이 조금 바뀌었을 뿐, 디자인이나 생산 공정에서 큰 변화가 없다는 사실은 놀라운 일이다. 수백 년 전에 작곡된 클래식 곡들을 당시의 느낌으로 연주하여야 하고 대중의 귀에 익숙한 소리를 만들어야 하는 악기라는 특수성에 기인한 것일 수도 있고, 피아노라는 악기가 이미 최적화가 잘 이루어졌기 때문일 수도 있고, 피아노 기술자에게 혁신에 대한 요청이나 의지가 없었던 것일 수도 있다. 스타인웨이에서는 100여 년 전의 생산 공정과 지금을 비교하면 바코드를 이용해 자재를 관리하는 정도만 바뀌었을 뿐이고 거의 변한 것이 없다고 한다.

지난 100여 년 동안 변화가 없다고 해도 수년 내에 커다란 변화가 있을 수 있다. 1차 · 2차 산업 혁명으로 경제적 여유가 생긴 사람들에게 피아노 수요는 증가했고, 다양한 공정에 기계가 도입되어 피아노 생산량은 크게 상승했다. 주철 프레임으로 인해 소리도 개선되었다. 3차 산업 혁명은 디지털 피아노를 발전시켰다. 인공지능에 의한 4차 산업 혁명은 진행형이다. 4차 산업 혁명이 수년 내에 피아노의 설계, 생산, 관리 등에 크든 작든 영향을 주게 될 것으로 보인다.

피아노의 관리와 조율

대부분의 악기가 그렇지만, 피아노는 특히 예민하고 섬세한 수많은 부품이 정밀하고 유기적으로 연결되어 있어서 적절한 관리를 해야만 수명이 연장되고 최상의 소리를 유지할 수 있다. 피아노에 가장 적합한 습도는 40~50% 정도다. 너무 건조하거나 습한 환경은 피아노 목재의 변형을 일으켜 기계적 성능에 영향을 줄 수 있다. 액션을 이루는 정교한 목제 부품은 급격한 온도 변화에 취약하다. 난방기나 에어컨과도 거리를 두어야 하며 심지어 외벽으로부터 10cm 이상 거리를 두는 것이 추천된다. 직사광선은 피아노의 외관은 물론이고 내부의 목제 부품을 손상시킬 수 있으며 불필요한 온도 변화도 야기할 수 있다. 액션과 현에 먼지가 쌓이면 소리가 둔해지기 때문에 사용하지 않는 경우 반드시 뚜껑을 덮어 두어야 하며 내부 부품들을 전문적이고 주기적으로 관리해야 한다.

피아노 조율(tunning)은 현의 장력(tension)을 조절하여 각 음을 올바르게 맞추는 작업이다. 조율은 음질, 연주 경험, 악기 수명이 큰 영향을 주는 피아노 관리의 핵심이다.

피아노에 있는 약 230개의 현은 시간이 지남에 따라 주변 환경 때문에 느슨해지기도, 조여지기도 한다. 조율사들은 각각의 현에서 지정된 음이 만들어지기 적절한 장력을 유지하도록 조절하는 작업을 한다. 튜닝 포크나 전자 튜너로 A4 음을 440Hz에 맞춘 후 이를 기준으로 하나씩 조율해 간다. 3개의 현에서 2개를 뮤트로 막은 후 하나씩 조율한다. 조율 망치와 같은 전문 도구를 이용해 피아노 핀을 조금씩 돌려 정교하게 장력을 조정한다. 미세하면서도 정교한 과정이고 피아노에 손상을 주지 않아야 하기 때문에 전문성이 필요하다.

조율이 정확히 이루어져야 연주자의 터치에 반응한 정확하고 일관된 음을 들려줄 수 있으며 풍부한 음악적 표현이 가능하다. 조율이 정확히 이루어지지 않았다면 미세한 음의 차이로 연주자가 의도한 감정이나 음악적 표현이 방해받는다. 조율이 정확히 이루어지지 않음은 피아노 제조사에서 예상한 현의 장력을 벗어날 수 있음을 의미한다. 제조사가 예상한 현의 장력을 벗어나면 다른 부품들에도 좋지 않은 영향을 주게 된다.

섬세한 연주 스타일로 유명했던 프레데리크 쇼팽(Frederic Chopin)은 플레옐(Pleyel) 피아노를 사랑했는데, 완벽하게 조율되지 않은 상태에서는 연주와 작곡을 포기했다고 한다. 블라디미르 호로비츠는 조율에 크게 집착한 것으로 유명하다. 7시간 동안 조율사에게 끊임없이 지시하며 조율 과정을 지켜본 일화와, 연주 도중에 피아노가 완벽하게 조율되지 않았음이 느껴져 공연을 포기한 일화를 남겼다. 세르게이 라흐마니노프(Sergei Rachmaninoff)도 피아노와 조율에 강하게 집착하여, 스타인웨이가 아닌 다른 피아노를 제공받으면 연주를 거부했고 투어 중에는 항상 조율사를 대동하여 음색과 조율 상태를 언제나 최적으로 유지하게 했다고 한다.

인공지능에 의한 피아노 생산과 조율

피아노 생산은 복잡하고 섬세한 과정이다. 고품질 목재의 선택, 정밀함이 요구되는 조립, 음향 특성과 연주자의 요구에 맞는 조율 등 어느 하나 쉬운 과정이 없다. 자동화 또는 기계화를 활용한다면 정밀하게 이루어질 수 있을 것으로 생각할 수도 있겠으나, 고도의 기능을 가진 초고가의 기계를 활용하지 않는 한 제조 기기 특성에 따른 수 밀리미터 또는 수 그램 단위의 오차는 피하기 어렵다. 약간의 오차마저도 피아노의 음색을 완전히 바꿀 수 있다. 결국, 고급형 피아노는 대부분을 수작업으로 진행하고 있다.

피아노 조율도 자동화하기 쉽지 않다. 각 현의 주파수를 확인하는 것은 지금도 기계의 도움을 받고 있지만, 피아노 내부 구조는 복잡하고 서로 조금씩 다르기 때문에 사람의 판단과 도움 없이 기계가 각 현의 핀을 미세하게 조정할 수 있다고 생각하기 어렵다. 두 음의 약간의 음정 차이를 이용한 맥동 현상을 활용하는 기술이라든가 기계의 도움을 받아 주파수를 정확히 맞추어도, 숙련된 조율사가 느낀다고 하는 미세한 음정 차이를 확인하는 것 역시 자동화가 쉽지 않아 보인다.

2012년 돈 길모어(Don Gilmore)라는 공학자가 자동 조율 시스템을 개발했다고 하여 주목받은 적이 있었다. 이 시스템은 적외선 센서로 현의 진동을 감지하여 주파수를 확인한 후 현의 온도를 바꾸어 장력을 조절했다. 온도가 상승하면 현이 팽창하고 온도가 감소하면 현이 수

축되는 것을 이용한 것이다. 피아노 핀을 통해 현을 감거나 푸는 전통적 조율 방식은 너무나 섬세한 기술이기 때문에 온도 조절 방식을 택한 것으로 추측된다. 이 자동 조율 시스템은 1분 안에 230여 개의 현을 모두 조율할 수 있지만 현의 온도가 원래대로 돌아오면 애써 조율한 현도 이전의 상태로 돌아가게 되며, 다른 목제 부품에 온도 변화를 불러와 좋지 않은 영향을 준다는 단점이 있었다. 결국 이에 대한 관심은 빠르게 식어 갔다.

인공지능은 피아노 생산과 관리에서 도움이 될 수 있다. 이를테면 피아노에서 원하는 고품질 목재 선택에 도움이 될 수 있을 것이다. 피아노에 필요한 목재의 품질은 일반 가구와 다르다. 스타인웨이는 숙련되고 경험 많은 목재 공학자를 고용하여 벌목소와 제재소를 관리하게 할 정도다. 인공지능은 우수한 고급 피아노들의 목재 특성을 분석하여 통계화함으로써 주된 특징을 추출하기에 적합하다. 목재의 종류, 함수율, 뒤틀림 정도 등 목재 품질의 주요 파라미터들은 정량화되기 적합하며, 이를 통해 피아노에 최적인 목재를 선택하는 데에 도움을 줄 수 있다.

개인 맞춤형 피아노 제작에도 도움이 될 것이다. 피아노의 음색은 저마다 달라서 어떤 피아니스트에게 최고의 피아노가 다른 피아니스트에게는 날카로운 소리만 만들어 내는 불량품으로 여겨질 수도 있다. 인공지능은 피아노를 주문한 피아니스트 또는 그 피아노가 사용되는 콘서트홀에 적합한 음색을 분석함으로써 최적화된 피아노를 디자인할 수 있을 것이다. 향판을 바꾸고 해머 생크의 무게를 조절하고 건반의 무게와 터치를 수정할 수 있다. 물론, 이를 위해서는 어떤 부품과 디자인의 피아노가 어떤 음색을 만들어 내는지 많은 데이터와 모델링이 필요할 것이다.

인공지능은 조율에 필요한 정보를 정량화할 수 있을 것으로 기대된다. 효과적으로 학습된 모델이 있다면 피아노의 모든 음을 들은 후 미세한 차이를 확인할 수 있을 것이다. 피아노 핀을 돌리는 작업은 사람이 하더라도, 미세한 차이의 확인과 조율의 명확한 목표를 제시하는 것은 조율에 소요되는 시간을 상당히 줄여 주고 정확도 상승에 기여할 것이다.

새로운 소재를 발굴해 시뮬레이션해 보거나, 독주 · 오케스트라 · 교습 등 특정 목적에 최적화된 피아노 디자인과 부품을 제안하거나, 생산 효율성을 위해 공정을 재조합하는 등 다양한 목적으로 인공지능이 활용될 수 있을 것으로 기대된다.

참고문헌

서상종 외(2014). 『피아노조율과 관련기술』. 일진사.

야나기다 마스조 외(2018). 『악기구조교과서』. 보누스.

Yamaha(*n.d.*). 악기 가이드: 피아노. https://kr.yamaha.com/ko/products/contents/musical_instrument_guide/piano/index.html

Barron, J.(2020). *Piano: The making of a Steinway concert grand.* St. Martins Press.

Ridden, P.(2012.2.12). A closer look at Don Gilmore's self-tuning piano system. *News Atlas*, https://newatlas.com/gilmore-self-tuning-piano-system/21425

09
인공지능과 현대 음악

현대 음악은 무조성, 미니멀리즘, 전자 음악 등 다양한 표현 방식이 특징이다. 피아노 음악 역시 다양한 주법과 음악 사조, 새로운 연주 방식 등을 시도한다. 인공지능은 현대 음악 작곡의 도구로서 기여할 수 있겠으나 학습된 데이터 내에서 작곡을 하기에, 전통적 음악 문법을 벗어나기 어려운 한계가 있다.

현대 음악의 다양성

현대 음악은 20세기부터 시작된 음악이다. 1900년은 꽤 오래되어 그 시기의 기술이나 철학을 '현대적(modern)'이라고 부르지 않지만 그 시기의 음악을 우리는 현대 음악이라고 부른다. 20세기부터의 음악이 이전 시대의 고전 음악과 구분되는 독창성을 갖기 때문이다.

현대 음악이라고 하면 1900년대 초에 등장한 무조성 음악(atonal music)을 가장 먼저 떠올릴 수 있다. 1908년 아르놀트 쇤베르크는 현악 4중주 마지막 악장에 "나는 다른 혹성의 대기를 느낀다"라는 가사의 성악 성부를 첨가하며 이전까지의 조성 음악의 세계에 무조성 음악이라는 새로운 대기를 불러일으켰다. 조성을 떠난 쇤베르크는 음렬주의, 12음 기법을 통해 무조성 음악의 새로운 질서를 착안했다. 조성 음악에서 으뜸음과 주요 화음이 가지던 위계질서는 없어지고 옥타브 내 모든 반음, 12음이 동등해졌다. 쇤베르크 이후 많은 작곡가가 음렬주의를 채택했다. 〈봄의 제전(The Rite of Spring)〉(1913)을 작곡했던 이고르 스트라빈스키(Igor Stravinsky)도, 아방가르드 음악의 선두 주자인 존 케이지(John Cage)도 음렬주의를 따랐던 적이 있다. 그러나 음렬주의 음악은 청자에게 익숙한 음악적 지표를 대거 삭제했다. 청중은 불협화음의 무조성 음악에 거리감을 느끼게 되었다. 쇤베르크는 이를 낯선 것에 대한 일상적 거부감이라 치부하며 언젠가 식료품 배달 소년도 음렬 음악을 휘파람 불며 다닐 날이 오리라 기대했지만, 인공지능의 시대인 지금까지도 여전히 요원해 보인다.

무조성 음악은 전통적인 조성 음악의 규범을 벗어나고자 하는 시도 중 하나였다. 이처럼 기존의 틀을 벗어나고자 새로운 표현 방식과 다양한 음악이 시도되었고 이것이 현대 음악의 주요한 특징이다. 단순한 모티브의 반복인 테리 라일리(Terry Riley)의 〈C조(In C)〉(1964)와 같은 미니멀리즘 음악도 이에 포함된다. 한편, 우연적으로 발생하는 모든 소리, 소음까지 포함한 존 케이지의 〈4분 33초(4'33")〉(1952)가 탄생했다. 조성을 버리지 않으면서도 복잡한 리듬, 비대칭 박자, 비정형적 구조를 사용하여 전통적 음악 규범을 벗어나고자 하는 이들도 있었다. 기술의 발전과 새로운 작법의 시도는 전자 음악의 발전으로 이어졌다. 현대의 정보를 처리하는 기술 발전이 새로운 음색을 구비한 악기와 새로운 음악적 정보 처리 방식을 창조했다. 전통에서 벗어나 새로움을 갈망하는 인간의 진보성, 이를 충족시키고자 하는 고뇌와 창작성, 정보 처리 기술의 발전이 현대 음악의 다양성으로서 표출되었다.

현대의 피아노 음악

현대 음악의 다양한 양상과 새로움의 추구는 전에 없던 형태의 피아노 음악을 탄생하게 했다. 20세기 작곡가들은 피아노의 전통적인 주법에 변화를 주어 악기의 새로운 음색과 가능성을 실험했다. 또한, 기술 발전에 따라 새로운 무대, 연주 방식을 시도할 수 있었다.

미국의 작곡가 헨리 카웰(Henry Cowell)은 〈마노논의 조류(The Tide of Manaunaun)〉(1912)에서 손가락으로 건반을 연주하는 기존의 방식에서 나아가 손바닥, 팔뚝을 사용한 기법으로 촘촘하게 밀집된 클러스터 음향을 시도했다. 또 다른 작품인 〈밴시(The Banshee)〉(1925)에서는 피아노 건반이 아닌 피아노 안의 현을 문지르거나 튕기는 기법으로 아일랜드 요정 밴시가 흐느끼거나 울부짖는 것을 음악적으로 묘사했다. 케이지는 피아노 현에 못, 나사 등을 넣고 '미리 장치된' 프리페어드 피아노(prepared piano)를 연주하여 피아노에서 타악기 앙상블과 같은 소리를 만들어 냈다.

작곡 과정 또는 연주 과정에 우연성과 불확실성이 적용되어 작품이 달라질 수 있는 음악도 등장했다. 카를하

인츠 슈토카우젠(Karlheinz Stockhausen)의 〈클라비어 슈튀케 XI(Klavierstücke XI)〉(1956)는 19개 단편의 음악 조각들이 연주자의 시선에 따라 무작위로 연주되는 가변성이 허락된 음악이다. 또한, 전통적인 기보법을 넘어 그래픽, 이미지의 악보만으로 연주자가 해석하여 연주하는 작품도 있다. 기술의 발달로 전통적인 악기를 사용하지 않고 전자적 음향이 만들어졌고 무대 위에서 실제 피아노 연주와 합주되는 형태인 라이브 전자 음악 형태의 예술이 가능해졌다.

무조성 음악으로 인한 청중과의 거리감에서 보듯이 실험적인 시도들이 모두 환영받은 것은 아니었으나 앞으로 나아가고자 하는 혁신적인 시도들은 다양한 음악 사조를 반영하는 현대의 피아노 음악을 탄생하게 했다.

현대 음악과 인공지능

다양성은 창의성으로 현출된다. 미국의 석학인 재러드 다이아몬드(Jared Diamond)는, 미국의 다양한 인종은 집단 사이의 대립을 빈번하게 해 주었지만 문화의 창조성을 이끌어 왔다고 평가했다. 일본의 작곡가 히사이시 조(Hisaishi Joe)는, 자국인 일본이 미국보다 음악적으로 부족한 부분이 있다면 그것은 민족적 다양성이 부족하여 음악에서도 창의력이 부족한 점이라고 했다.

인공지능은 다양성을 보조하는 훌륭한 수단이다. 인공지능이 생성한 음악 자체도 전통적인 작곡의 범주를 벗어나는 20세기 이후의 음악이기에 이미 현대 음악이라고 할 수 있겠으나, 인간은 우수한 도구인 인공지능의 도움을 받아 현대 음악을 작곡할 수 있다.

인공지능은 제한적으로나마 새로운 아이디어 시드를 생성하여 작곡가와 연주자에게 제공한다. 프롬프트를 바꾸어 단기간에 새로운 결과물을 대량으로 쏟아 낸다. 음악가는 인공지능 생성물에 대한 조정과 선택을 통해 이를 적절히 변형하고 창의성을 확장할 수 있다. 다양한 장르의 혼합도, 전통적 음악 문법의 타파도 가능하다. 대량 생산이 가능하기에 효율성도 높다.

비전문가에 대한 높은 접근성 확장도 인공지능의 장점이다. 음악적 기초가 탄탄하지 않더라도 인공지능을 통한 새로운 음악적 시도가 가능하다. 비전문가가 인공지능의 도움으로 생성한 음악이 현대 음악의 마스터피스에 직결될 것으로 생각되지는 않지만, 이러한 시도들로 인해 예술 창작이 대중화되는 것은 결국 다양성의 씨앗을 뿌리는 것이다.

또한, 인공지능은 현대 음악의 경험을 넓히는 것에도

도움을 준다. 인공지능이 제공하는 개인화된 경험은 다양한 음악의 수요를 창출해 낼 수 있다.

반면, 지금의 인공지능은 현대 음악의 도구로서의 한계도 뚜렷하다. 인공지능은 결국 자신이 학습한 데이터 안에서 패턴을 찾는 것이기에 인간의 창의성에 단서를 제공할 수 있어도 자신이 학습한 기존의 음악적 문법에서 완전히 자유롭기 어렵다. 전통적인 음악 규범에서 벗어남을 현대 음악의 특징으로 정의한다면, 오히려 인공지능은 학습한 음악 규범 내에서 창작하기에 현대 음악에서 멀어지게 되는 아이러니가 될 수도 있다. 인공지능이 케이지의 〈4분 33초〉와 같은 혁신적인 음악을 스스로 생성할 것으로 생각되지 않는다.

인공지능이 제공하는 아이디어 시드들이 유사하다면 아무리 많은 사람이 작곡해도 현대 음악의 독창성 부족이 발생할 수도 있다. 인공지능은 여전히 인간처럼 직관적이고 감정적으로 창의성을 발휘하지 않는다. 획일화에 이어질 수도 있는데, 이는 현대 음악에서 가장 경계해야 하는 것이다.

참고문헌

Cook, N.(1998). *Music: A very short introduction.* Oxford

University Press.
Burkholder, J. P., et al.(2018). *A history of Western music.* W. W. Norton & Company.
히사이시 조·요로 다케시(2023). 『그래서 우리는 음악을 듣는다』. 현익출판.
유발 하라리 외(2019). 『초예측』. 웅진지식하우스.

10
피아노의 미래

인공지능이 일상화되는 미래의 피아노 음악은 새로운 가능성을 갖는다. 창작이 대중화되며 새로운 장르가 만들어지거나 다양한 장르와 융합될 것이다. 하지만 인공지능이 겪는 데이터 편향과 학습 데이터 부족 문제를 주의해야 한다.
인간 스스로 부단히
감성적 · 정서적 · 창의적으로 발전할 때
인공지능이라는 도구를 통해 훌륭한 피아노 음악을 생성할 수 있을 것이다.

인공지능과 음악과 투자자

인공지능은 막대한 데이터, 이들을 수집하고 학습하는 프로그램, 새로운 모델링 방법 등 수많은 인력과 장비가 필요하다. 인공지능의 발전에 자본은 필수이다. 자본력이 뒷받침되는 미국과 중국, 그리고 그 나라의 일부 빅테크 기업만이 눈에 띄는 인공지능 성과를 자랑한다. 수많은 기업이 인공지능 기술을 개발하고자 하지만 쉽지 않은 이유가 여기에 있다.

자본의 전쟁터에는 투자가 필요하다. 투자자는 단기이든 장기든 수익을 원한다. 음악과 관련된 인공지능은 화제성은 크지만 모든 기술이 당장 투자자들에게 큰 수익을 안겨 주지는 않음을 부정할 수는 없다.

수익이 되는 음악 관련 인공지능도 분명 존재한다. 스트리밍 서비스의 플레이리스트 추천 인공지능, 대중음악 작곡가의 노력을 줄여 주는 편곡 프로그램, 광고 콘텐츠나 소셜 네트워크 서비스에 포함되는 간단한 배경 음악 작곡 인공지능은 이미 널리 사용되고 있으며 이를 개발한 업체에 수익을 안겨 주고 있다.

하지만 이처럼 투자가 이루어지는 분야는 수익성이 있는 음악의 일부 분야에 제한된 것으로 보인다. 클래식 피아노 음악과 관련된 인공지능 기술에 대한 투자는 많이 이루어지지 않고 있다. 투자가 많지 않은 분야의 기술 개발은 더딜 수밖에 없다.

인공지능과 피아노

인공지능이 일상화되는 미래, 피아노 음악은 다양한 방식으로 변화할 것이다. 기술 발전이 인간의 창의성과 결합되면서 새로운 가능성이 열릴 것이다.

인공지능 도움에 의한 창작의 대중성이 예상된다. 전문적으로 음악을 공부하지 않아도 음악 창작이 가능해질 것이다. 작곡을 공부한 전문가는 인공지능의 도움으로 필요한 시간이나 노력을 줄이거나 영감을 받을 수 있으며, 다양하고 창의적인 작품을 만들어 낼 수 있다. 인공지능 기술 발전에 따라 클래식 피아노 음악마저 언젠가 손쉽고 빠르게 작곡될 것이다.

인공지능은 새로운 장르를 만들거나 다양한 장르와 융합될 수 있다. 인공지능과 음악가의 상호 작용은 과거 예상하지 못했던 바둑의 착점이 될 수 있다. 새로운 형태와 새로운 스타일의 음악이 만들어질 수 있다. 피아니스트는 피아노 음색을 변형시키는 새로운 방법을 알 수 있으며, 다양한 악기와의 혼합을 실험하고 연습하고 실연할 수 있다. 기술자와의 협업은 악기 자체에 변화를 줄 수 있다. 가상 현실(VR)이나 증강 현실(AR)과 융합됨으로써 청자에게 놀랍고도 새로운 경험을 제공할 수 있다.

피아노와 관련한 새로운 직업이 만들어질 것이다. 기술은 언제나 새로운 직업을 만들어 낸다. 19세기까지 음악은 소수의 지식층이나 부유층만이 제한된 장소에서 감상할 수 있었다. 축음기는 시간과 장소의 제한을 없앴다. 테이프와 CD는 경제적 제한도 없앴으며, 스트리밍 기술은 이마저도 상당 부분 없앴다. 그때마다 새로운 직업은 탄생했다. 음악 녹음 기술자, 테이프와 CD 공장 직원, 음원 데이터의 음질 개선 전문가가 새롭게 나타났다. 축음기 개발 시 많은 음악가가 자신의 직업이 위태로워졌다며 걱정했던 것과 달리, 오히려 더 많은 음악 수요가 생성되었다.

인공지능 음악 시대가 오고 있다. 인공지능의 데이터 전문가는 악기를 더욱 최상으로 제조하고 최상으로 유지하는 데에 도움을 줄 것이며 당연히 음악적 지식이 필요할 것이다. 인공지능 음악 작곡가는 기존의 작곡가와는 다른 방식으로 작곡을 하는 전문 직업일 것이다. 인공지능 음악과 다른 예술 형식의 결합을 위한 멀티미디어 아티스트를 필요로 하는 곳이 많을 것이다. 인공지능의 연주 수준이 더 상승된다면, 피아니스트는 다양한 인공지능 연주 방식을 적용하거나 협업하면서 음악적 표현을 다르게 제공하는 큐레이터 역할을 하게 될 수도 있다.

피아노 교육이 효율적으로 변할 것이다. 이미 인공지능은 개인화된 교습 경로를 제공하고 있다. 이미 원격 교습이 이루어지고 있고, 내 수준에 적절한 연습곡을 인공지능이 추천하고 있으며, 자동 채점도 이루어지고 있다. 피아노가 없어도, 학원 교습의 경제적 여유가 없어도 피아노를 배움으로써 음악을 접하고 음악이 주는 감동을 누구라도 느낄 수 있을 것이다.

인공지능이 일상화된 후 주의해야 하는 사항도 많다.

음악의 창작은 시대 속에서 스스로에 대한 이야기에서 출발한다. 인공지능은 자각을 하지 않으며 따라서 스스로에 대한 서사가 없어 그 결과물의 품질을 예단하기 어렵다. 신조하 작가는 작품 창작의 파트너로서 챗GPT를 활용한 후 '똑똑하지만 재미없는 친구'라고 하면서 스토리가 없는 '맑은 영혼'이라고 했다. 평화에 대한 글을 주문하면 "평화는 좋은 것이다. 조화롭게 사는 것이 이득이다" 정도의 모범 답안만 반복하여 제시한다는 것이다. 평화가 왜 소중한지에 대한 갈망을 애초에 느낄 수 없었다고 한다. 인공지능은 학습한 지식과 기술을 오직 데이터, 연산, 통계적 연관성을 통해 습득하기에 당연하다. 인간의 이야기나 감정은 데이터와 무관하다. 인공지능이 작곡한 음악에서 우리는 난청을 극복한 베토벤의 환희를 느껴 볼 것으로 기대되지 않는다. 음악을 창작하는 인간의 주의가 필요한 것이다.

피아노 음악의 학습 정보 부족 현상을 주의해야 한다. 일본 이화학연구소의 하타야 류이치로(Hataya Ryuichiro) 연구 팀은 "대규모 생성 모델이 미래의 데이터 세트를 손상시키게 될 것인가(Will Large-scale Generative Models Corrupt Future Datasets?)"라는 논문에서, 인공지능이 사람이 그린 그림 대신에 인공지능이 생성한 이미지를 학습하기 시작하자 성능이 나빠졌음을 발표했다. 우리가 알고 있는 피아노 음악은 상당히 제한적이다. 클래식 음악으로 좁히면 더욱 제한된다. 학습할 음악 데이터 부족 현상은 생각보다 빠르게 올 수 있으며, 이 경우 인공지능 성능이 저하될 수 있다. 데이터의 부족은 물리적으로 불가항력적인 상황이므로 근본적 해결이 어렵다. 데이터를 '천연자원'에 비유하는 학자도 있다. 식민주의 열강의 수사적 표현은 아닐 것이다. 결국 인간은 음악 생성을 위한 창의적 노력을 계속하여야 인공지능의 성능도 기대할 수 있다.

피아노 음악의 학습 정보 편향성도 주의해야 한다. 인

공지능은 인간의 편향성을 그대로 반영하여 성장한다. 아마존의 구인 담당자들이 인공지능을 채용 절차의 보조 수단으로 쓰기 시작했는데 여성을 거의 추천하지 않은 사건은 유명하다. 아마존의 인공지능 모델이 지난 10년간 채용된 엔지니어를 학습했는데 절대다수가 남성이었기 때문이다. 인공지능은 지도 학습 시 고의든 실수든 레이블을 잘못 지정하거나 편향된 데이터만 학습하면 편향성을 띠게 된다. 특정 작곡가의 음악만 학습하거나 특정 피아니스트의 연주만 학습한다면, 그러한 인공지능에서 다양한 음악이나 연주를 기대하기 어렵다.

인공지능의 발전 속도를 정확히 예측할 수 없지만, 인공지능과 관련 기술의 발전은 점차 빨라질 것임을 부정할 수는 없다. 인공지능 발전이 사회에 미칠 파급 효과 역시 예측하기 어렵다. 소셜 네트워크 서비스 기술이 등장하고 발전했을 때에 지금과 같이 양극화를 유발하고 가짜 뉴스와 혐오 발언이 넘치는 부정적 현상을 예측한 학자는 많지 않았다. 인공지능이 어떠한 길로 우리를 안내할지 알 수 없다.

그래서 인공지능과 같이 사회에 큰 영향을 주는 기술이 등장하면 사람들은 불안과 두려움을 느낀다. 하지만 이내 인간은 이에 적응하여 일상 속 도구 중 하나로 여기게 된다. 15세기 유럽에서 구텐베르크 인쇄술로 책이 대량 생산되자 당시 학자들은 교육의 붕괴를 걱정했다. 책을 손으로 옮겨 적으며 공부하고 연구하던 방법이 사라지고 게으른 학생들이 눈으로 책만 뒤적거릴 것이라 걱정했다. 챗GPT 등장 이후 많은 학교에서 하는 우려와 비슷하다. 영국 산업 혁명에 의해 방직 기계가 등장하자 수작업을 하는 노동자들이 생계에 위협을 느껴 기계 파괴 운동인 러다이트(Luddite) 운동을 시작했다. 하지만 우리는 산업 혁명이 다른 종류의 엄청난 노동 수요를 만들었음을 알고 있다. 기계를 설계하고, 개발하고, 설치하고, 운영하고 관리하는 사람이 필요했다. 사회에 영향을 주는 기술이라도 결국 인간에게 익숙해지게 되며 인간과 기술은 함께 발전한다.

폴 고갱(Paul Gauguin)이 남긴 "예술은 표절 아니면 혁명이다"라는 말은 유명하다. 인공지능 피아노 음악의 지금 단계는 아직 혁명보다는 표절에 가까운 것으로 보인다. 유명한 작품과 예술가를 따라 하고 학습하면서 자신의 능력을 키우고 있다. 생성형 인공지능이 만들어 낸 결과물은 아직 만족스럽지 못하다. 하지만 인간과 인공지능은 함께 융합하며 발전할 것이다. 그리고 결국 인공지능의 피아노 음악은 폴 고갱이 말한 혁명에 도달한 예술이 될 수 있다. 훌륭한 피아노 음악을 생성할 수 있는 인공지능 기술이 발전하더라도 인간으로서 스스로의 감성적인 면, 정서적인 면, 창의적인 면의 발전에 부단히 노력해야 할 것이다.

참고문헌

강은진(2020). 『예술의 쓸모』. 다산북스.

류성일 외(2023). 『2024 AI 트렌드』. 한스미디어.

유발 하라리 외(2019). 『초예측』. 웅진지식하우스.

장동선(2022). 『AI는 세상을 어떻게 바꾸는가』. 김영사.

Bostrom, N.(2016). *Superintelligence: Paths, dangers, strategies.* Oxford University Press.

Crawford, K.(2021). *Atlas of AI: Power, politics, and the planetary costs of artificial intelligence.* Yale University Press.

Kaplan, J.(2024). *Generative artificial intelligence: What everyone needs to know.* Oxford University Press.

Kissinger, H. A., et al.(2021). *The age of AI: And our human future.* Little, Brown and Company.

Suleyman, M.(2023). *The coming wave: Technology, power, and the twenty-first century's greatest dilemma.* Crown.

권미혜

피아니스트이며 서원대학교 음악교육과 조교수다. 선화예술중·고등학교를 거쳐 이화여자대학교 음악대학을 졸업했다. 미국 인디애나대학교에서 석사 과정을 졸업하고 미국 미시간 주립대학교에서 미시간 주립대학교 메리트 장학금(Michigan State University Merit Scholarship)과 클롬패런스 펠로십(Klomparens Fellowship)의 혜택을 받았다. 찰스 아이브스(Charles Ives)의 피아노 소나타 1번에 관한 논문 발표와 함께 피아노 연주학 박사학위를 취득했다. 다수의 독주회를 개최하고 앙상블 주자로도 활동하고 있다. 피아노에 적용된 기술, 인공지능 음악, 저작권, 피아노 음악 교육 등을 주제로 한 다수의 논문을 학술지에 게재했다.